물, 가장 친근한 과학

디아스포라(DIASPORA)는 독자 여러분의 책에 관한 아이디어와 원고 투고를 기다리고 있습니다. 디아스포라는 전파과학사의 임프린트로 종교(기독교), 경제·경영서, 일반 문학 등 다양한 장르의 국내 저자와 해외 번역서를 준비하고 있습니다. 출간을 고민하고 계신 분들은 이메일 chonpa2@hanmail.net로 간단한 개요와 취지, 연락처 등을 적어 보내주세요.

## 물, 가장 친근한 과학
기체·액체·고체에서 생명과 온도까지 일곱 가지 이야기

**초판 1쇄 발행** 1980년 12월 10일
**개정 1쇄 발행** 2025년 9월 23일

**지은이** 우에다이라 히사시
**옮긴이** 오진곤
**발행인** 손동민
**디자인** 김미영

**펴낸곳** 전파과학사
**출판등록** 1956. 7. 23. 제10-89호
**주　　소** 서울시 서대문구 증가로18, 204호
**전　　화** 02-333-8877(8855)
**팩　　스** 02-334-8092
**이 메 일** chonpa2@hanmail.net
**공식 블로그** http://blog.naver.com/siencia

ISBN　979-11-94832-25-6 (03400)

- 이 책은 저작권법에 따라 보호받는 저작물이므로 무단전재와 무단복제를 금지하며, 이 책 내용의 전부 또는 일부를 이용하려면 반드시 저작권자와 전파과학사의 서면동의를 받아야 합니다.
- 이 한국어판은 일본국·주식회사 고단사와의 계약에 의하여 전파과학사가 한국어판의 번역·출판권을 독점하고 있습니다.
- 파본은 구입처에서 교환해 드립니다.

물,
가장 친근한
과학

## 머리말

물과 공기는 생물에게 없어서는 안 되는 것이지만 인간은 물에 더 많은 관심을 가져왔다. 그 이유는 물의 풍부한 변화 상태와 홍수와 관련한 전설 따위에서 볼 수 있듯이 인류 생활에 미친 헤아릴 수 없는 영향 때문이다. 예를 들면 고대 중국 사람은 다섯 가지의 재해(수해, 한해, 바람, 안개, 번개, 서리의 해, 전염병의 해, 충해로 인한 곡물의 피해) 중 수해를 가장 큰 것이라고 했다.

물이라는 물질에 마음이 끌려 연구한 사람도 상당히 많다. 현재도 해마다 물에 대한 연구 결과가 발표되고 있다. 유럽의 어떤 학자가 "물은 가장 아름다운 화합물"이라고 했다. 나는 아직 그 정도까지 빠져들지 못했지만 지극히 매력적인 화합물이라고 생각하고 있다.

물은 분자량이 기껏 18이며 2개의 수소 원자와 1개의 산소 원자로 이루어진 간단한 화합물이다. 얼핏 보기에는 분자식이 단순하게 보이지만 실제로는 놀라운 성질을 가지고 있다.

이상하게 생각될지 모르나 생물은 발생하기 그 훨씬 전부터 물의 혜택을 입어왔다. 아찔하리만큼 긴 진화 과정에서 생물은 이 신기한 화합물의 성질에 잘 적응할 수 있게 되었다. 그리고 물 없이는 살아갈 수 없게 되었다.

물은 생명에게 없어서는 안 되는 물질이지만, 단백질이나 핵산처럼 생명현상 자체의 주연은 아니다. 복잡한 현상을 진행하는 연출가이며 또한 주연을 돕는 조연이기도 하다. 예를 들면 일본에서 '벚나무 동산'의 파이루스를 다키와(瀧澤修)라는 배우가 연출하는 것이라 할까. 그것은 단역밖에 해내지 못하는 배우로서는 도저히 불가능하다. 그렇지 않으면 이 연극은 아주 형편없는 시시한 것이 되어버릴 것이다. 막이 내리는 그 순간의 여운이란 도저히 찾아볼 수 없을 것이다.

지금까지 물에 관한 여러 책이 출판되었다. 그러나 그 책들의 대부분은 거시적인 입장에서 물을 다루고 있다. 이 책에서는 물분자의 운동이라는 미시적인 관점에서 물과 생명의 관계를 다루었다. 이런 관점에서 연구는 10년 동안 이루어진 것이다.

따라서 이 책에서는 그다지 눈에 띄지 않는 곳에서 활약하고 있는 물분자에 초점을 맞추어 그것이 연출하는 역할을 정면으로 부각해 보려고 했다. 이런 시도가 어느 정도 성공했는지 오직 독자의 판단에 맡길 따름이다.

# 차례

머리말 · 4

## 1장 분자 수준에서 본 기체, 액체, 고체
기체, 액체, 고체의 차이 13 | 총알 정도인 기체 분자의 속도 14 |
분자운동으로 본 기체와 액체 16 | 병진운동과 회전운동 20 |
분자 사이에 작용하는 여러 가지 힘 22 | 판데르발스 힘 24 |
힘의 세력 범위 26 | 퍼텐셜 곡선 28 | 퍼텐셜 골짜기 29 |
분자를 잡는다 33

## 2장 물의 구조를 밝힌다
액체의 대표는 물일까 39 | 물분자의 구조와 작용하는 힘 42 |
물분자의 이중성격 44 | 물의 성질 47 | 식기 어려운 액체 48 |
물은 증발하기 어렵다 50 | 물은 수축한다 52 | 18종류의 물 55 |
증류수란 무엇인가 57 | 어째서 얼음은 물에 뜨는가? 58 |
맹렬하게 운동하는 얼음의 결정 61 | 유리 상태의 물 63 |
물의 구조 64 | 물의 구조의 평균 수명 67

## 3장 수용액의 구조
물질을 녹이는 특수 능력 73 | 증류술과 양조술 74 |
알코올 수용액의 성질 77 | 5cc+10cc=14.6cc!? 78 |
치환형과 빈집형 80 | 알코올 수용액 속 분자활동의 용이성 83 |

설탕과 물의 유사성 88 | 전해질 수용액 91 |
이온과 물분자 사이의 힘 93 | 이온 주위의 물분자 배열 94 |
정수화와 부수화 96 | 이온의 열운동 100

## 4장 계면(界面)과 물

표면장력 105 | 세제의 작용 107 | 모세관 현상 110 |
물과 기름 이야기 112 | 엔트로피의 감소 114 | 소수성 수화 117 |
소수성 상호작용 118 | 20℃에서 어는 가스 120 |
틈 사이의 물 123 | 삼투압 125 | 물의 활량 126 |
삼투압과 생물 129

## 5장 생체 내의 물

사람이 하루에 필요한 물은 얼마나 될까 133 | 체액의 조성 133 |
세포 135 | 단백질의 구조 136 | 3차 구조와 소수성 상호작용 139 |
단백질 주위의 물의 상태 140 | 세 겹의 물로 둘러싸인 단백질 143 |
단백질 생합성과 물분자의 작용 146 |
단백질을 보호하는 구조화된 물 149 | 효소반응 152 |
어째서 돌고래는 빠르게 헤엄칠 수 있을까 154 |
세포 내 물의 상태 156 | 몸속에서 물이 순환하는 속도 157 |
노약 생사의 식별 159 | 비슷한 적혈구와 암세포 161 |
동면과 휴면 163 | 중수의 생리작용 165

## 6장 마취와 온도

마취와 온도의 관계 171 | 불활성기체의 성질 172 |
가스 마취 173 | 세포의 증식을 멎게 한다 176 |
나무가 장승처럼 말라 죽는 원인은? 177 |

사람은 몇 도에서 얼어 죽는가? **179** ｜ 틈 사이의 물과 온도 변화 **181** ｜
생명에 위험한 15, 30, 45, 60°C **184** ｜ 생태학(ecology) **187**

**7장  저온생물학**

저온생물학이란? **193** ｜ 세포 내의 물은 몇 도에서 어는가? **194** ｜
생체조직의 동결 **195** ｜ 정자의 동결 **196** ｜ 아이스 베이비 **199** ｜
이점이 많은 냉동 혈액 **200** ｜ 냉동인간은 되살아나는가? **202** ｜
눈 녹은 물의 수수께끼 **203** ｜ 혈액과 정자의 동결건조 **204** ｜
암의 동결 방법 **205** ｜ 인체 실험 **207**

후기 • **209**
번역을 마치고 • **214**

**물은 만물의 근원이다.**
−가나안에서 출토된 설형문자로 쓰인 글 중의 한 구절

**오행(五行)은 강에서 비롯된다. 거기서 만물이 생겼으며, 그것은 또한 원기(元氣)의 정(精)이기도 하다.**
−명포(元命苞) 수경주(水經注)에서 인용된 말

# 1장

## 분자 수준에서 본 기체, 액체, 고체

걸리버는 브로브딩내그 나라에 가서 처음으로 리리파트 나라의 사람들이 지극히 미소한 것을 식별할 수 있음을 알아챘다. 그래서 미시적 인간이 되어 분자 세계로 들어가서 주위를 살필 때 절대적으로 정지해 있는 것이라고는 하나도 없고, 모든 분자가 굉장한 속도로 날아다니거나 한곳에서 왔다 갔다 하거나, 빙글빙글 돌고 있는 것을 알게 된다.

마이크로 인간이 공기 속을 걸어간다고 하면 반드시 어디선가 분자가 날아와 정면으로 충돌하여 뒤로 밀려나거나, 뒤에서 밀리거나, 좌우로 흔들려 결코 똑바로 걸어갈 수 없다. 마치 술에 취한 사람이 갈지자걸음으로 걸어가듯이 도무지 어디로 가려는지 알 수가 없게 된다. 이 운동이 브라운 운동이다.

기체, 액체, 고체는 브라운 운동의 속도에 따라 구별할 수 있다. 즉 이런 순서로 분자운동이 느려진다. 그리고 분자 사이에는 여러 가지 힘이 작용하고 있고, 분자운동은 이 힘에 의해 제약을 받는다.

**기체, 액체, 고체의 차이**

우리 주위에는 언제나 공기와 물, 그리고 대지가 있다. 이 중 공기와 물이 없으면 우리는 살 수가 없다. 땅이 없어도 퍽 곤란하다. 과학기술이 진보한 지금에는 바다나 공중에서 일생을 땅과 접촉하지 않고도 살아갈 수는 있겠으나, 그런 생활이란 아마 몹시도 이상야릇하고 무엇인가 충족되지 않은 것 같은 생각이 늘 따라붙을 것이다.

그래서 공기와 물과 땅은 인간, 더 일반적으로는 생물이 살아가기 위한 가장 중요한 세 가지 요소라고 볼 수 있다.

그런데 이 공기, 물, 땅을 다른 말로 표현하면 기체, 액체, 고체라고 할 수 있다. 즉 우리는 기체나, 액체, 고체에 둘러싸여 생활하고 있다. 그밖에 우리 주변에 있는 기체의 예로는 도시가스가 있다. 또 액체에는 주스, 여러 가지 술, 그리고 가솔린 등이 있고, 고체로는 각종 금속 제품과 도자기 또는 소금 등이 있다. 위의 예를 통해 기체, 액체, 고체가 어떤 것인지를 대강 상상할 수 있다.

우리 주위에서 일상 일어나고 있는 현상을 조금만 주의해서 살펴보면, 온도의 변화에 따라 물질이 기체, 액체, 또는 고체의 상태로 변화되는 것을 알아챌 것이다.

예를 들면 물은 상온에서 액체이지만, 가열하면 수증기(기체)가 되고, 0℃ 이하로 식히면 얼음(고체)으로 바뀐다.

바람이 부는 방향이나 물의 흐름을 보고 있노라면, 기압의 변동이나 높이의 변화 등으로 공기나 물이 끊임없이 유동하고 있으므로 고

| 기체 분자 | 속도(m/초) |
|---|---|
| 탄산가스($CO_2$) | 378 |
| 산소($O_2$) | 443 |
| 질소($N_2$) | 474 |
| 수증기($H_2O$) | 590 |
| 수소($H_2$) | 1,768 |
| 로켓의 지구 탈출 속도 | 11,200 |

**표 1** | 1기압, 25°C 때 기체 분자의 평균 속도

유의 형태를 지니고 있지 않다. 그런데 냄비나 접시 따위는 두들겨 오목하게 하거나 부수지 않으면 그 형태가 바뀌지 않는다. 이처럼 겉보기로 고체는 언제까지나 그 형태를 그대로 유지하며, 기체나 액체는 그 형태를 쉽사리 바꾸는 듯이 보인다. 이것은 고체, 액체, 기체의 극히 중요한 성질이지만 좀 더 마이크로적인 입장에서 기체, 액체, 고체의 차이를 생각해 보자.

### 총알 정도인 기체 분자의 속도

우리 지구를 둘러싸고 있는 공기의 조성(組成)은 대부분 질소 분자($N_2$)와 산소 분자($O_2$)인데, 질소는 전체 부피의 약 4/5, 산소는 약 1/5을 차지하고, 그 밖에 극히 소량의 아르곤(Ar), 이산화탄소($CO_2$), 수소($H_2$), 헬륨(He) 등이 포함되어 있다.

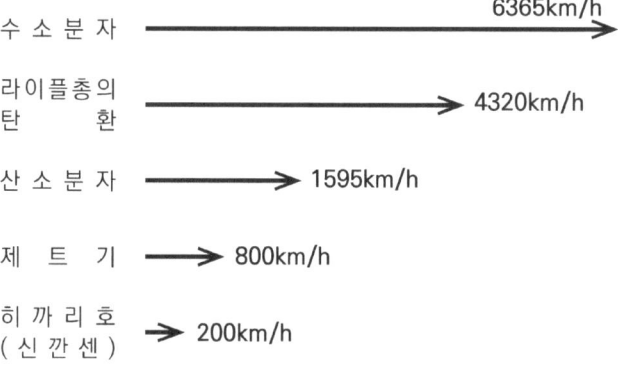

**그림 1** | 기체 분자나 이동 수단 등의 시속 비교

    그리고 이들 기체 분자는 엄청난 속도로 공중을 여러 방향으로 날아다니고 있다. 물질, 특히 기체의 성질을 가리킬 경우, 흔히 온도와 압력을 미리 정해둘 필요가 있다. 25℃, 1기압일 때 질소 분자 등의 속도는 <표 1>과 같다. <표 1>을 보면 기체 분자는 1초간에 수백 미터 속도로 움직이고 있다. 초속으로는 알기 어려우므로 시속으로 고쳐보면 산소 분자는 시속 1,595㎞, 제일 가벼운 수소 분자는 무려 시속 6,365㎞라는 속도에 이른다. 일본의 최고속 열차라고 하는 신칸센(新幹線) '히카리호'는 평균 시속이 200㎞며, 국제선을 나는 제트기는 시속 800㎞이므로 산소 분자나 질소 분자가 얼마나 빠른 속도로 움직이고 있는지를 알 수 있다. 속도의 비교는 <그림 1>에 나와 있다. 수소 분자의 속도는 라이플총에서 튀어 나가는 총알의 속도와 같을 정도이다.

그런데 로켓이 지구를 탈출하는 데 필요한 속도는 초속 11.2km다. <표 1> 중에서 가장 빠르게 움직이는 수소 분자라도 지구 탈출 속도보다는 훨씬 느리다. 그러나 <표 1>의 값은 어떤 평균값이며, 실제는 탈출 속도로 움직이고 있는 수소 분자도 있다. 그 때문에 수소 분자라든지 헬륨 분자처럼 가벼운 기체는 끊임없이 지구로부터 우주를 향해 날아가고 있다. 계산에 따르면 만약 지구로부터의 보급이 없다면 수소나 헬륨은 10억 년 후면 없어진다고 한다.

**분자운동으로 본 기체와 액체**

분자가 이렇게 빠르게 운동하고 있다는 것을 처음 듣는 독자는 아마 이런 의문을 가질 것이다.

(1) 분자운동은 왜 일어나는가?

(2) 예를 들면 가스 불이 꺼져 가스가 샐 경우 얼마쯤 지난 뒤에 가스 냄새가 난다. 만약 1초간에 수백 미터나 운동한다면 가스가 새는 그 순간에 알아챌 것이 아닌가?

이런 의문에 대한 대답은 다음과 같다. 우리는 일을 하거나 운동하기 위해서는 음식을 섭취하고, 이것을 열에너지의 형태로 바꾸어야 한다. 분자운동 역시 분자가 가지고 있는 열에너지에 의한 것이다. 분자는 자신을 둘러싸고 있는 주위에서 열에너지를 얻는다. 그러므로 분자운동을 더 정확하게는 분자의 열운동이라고 한다.

(2)의 질문은 클라우지우스가 1857년 기체 분자운동론을 발표해서, 분자의 병진(並進)운동이 매초 수백 킬로미터라는 것을 제시했을 때에 제기되었던 질문이다. 그에 따르면 분자는 서로가 전적으로 무질서한 방향으로 운동하고 있으므로, 아주 조금만 움직여도 곧 다른 분자와 충돌해서 진로를 바꾸어 버린다.

그래서 어떤 일정한 방향으로 이동하는 속도(확산 속도)는 분자가 실제로 운동하는 속도에 비교하면 매우 느린 것이 된다. 첫 번째 충돌로부터 다음번 충돌까지 분자가 이동하는 거리를 평균자유행로(平均自由行路)라고 한다. 몇몇 기체에 대한 값은 <표 2>와 같다. 또 1기압의 상온에서 기체 1㎤ 내의 분자가 충돌하는 수는 1초간에 $10^{27}$이라는 막대한 값이다.

| | |
|---|---|
| 탄산가스 | 0.0000433(㎜) |
| 일산화탄소 | 0.0000637 |
| 산소 | 0.0000702 |
| 질소 | 0.0000655 |
| 아르곤 | 0.0000693 |
| 수소 | 0.0001226 |
| 헬륨 | 0.0001962 |

**표 2** | 1기압, 25℃ 때 기체의 평균 자유행로

여기서 기체와 액체 속의 분자 간 거리, 즉 틈의 넓이에 대해 언급해 두겠다. 18㎤의 물을 가열해서 수증기로 바꾸면 1기압에서 22.4ℓ가 되고 부피는 약 1,000배로 불어난다. 18㎤의 물과 22.4ℓ의 수증기에 포함된 물분자의 수는 같으므로 수증기의 분자 간 거리는 10배쯤 크게 된다. 액체 속에서도 분자가 마찬가지로 빠른 운동을 하고 있다면 액체의 분자 충돌수가 가장 클 것이고, 따라서 충돌하는 동안에 움직인 거리는 훨씬 짧은 것이다(기체의 분자 간 거리는 압력이 낮아질수록 커진다).

실제로 액체 속의 분자 속도를 재보면 기체 속의 분자 속도와 가까운 속도로 움직이고 있음을 알 수 있다. 예를 들면 물과 같은 액체에서는 초속 200m 정도며 시속으로 고치면 720㎞이므로 제트기 정도의 속도다. 즉 액체의 경우에는 수 Å(옹스트롬)을 움직이면 다른 분자와 충돌해 버린다(1Å은 1억 분의 1cm).

예를 들면 좁은 실내 체육관에서 아이들이 제멋대로 뛰어 돌아다닌다면 결국 누군가에게 부딪치게 되는데, 넓은 들판에서는 좀처럼 부딪치는 일이 없다. <그림 2>는 이런 상태를 그려 본 것이다. 액체와 기체의 차이는 이런 상태와 흡사하다.

그러므로 분자의 열운동에서 보면 액체 속의 분자 속도는 기체 속의 분자 속도의 절반 정도이지만, 분자가 충돌하는 동안에 움직이는 거리는 액체가 기체의 100분의 1 정도이다.

여기서 액체 속의 분자 속도가 왜 기체 속에서보다 느린지 생각해 보자. 위에서 말한 대로 분자운동은 분자가 가지고 있는 열에너지에

**그림 2** | 비 오는 날 체조실에서는 끊임없이 충돌하나 넓은 들에서는 좀처럼 충돌하지 않는다

의해서 일어나는 것이므로 에너지가 큰 분자일수록 빨리 운동한다는 것은 쉽사리 이해가 간다. 액체를 가열하며 열을 흡수해서 기체가 된다. 이때 흡수한 열은 에너지의 형태로 각 분자 속에 축적된다. 따라서 기체가 액체보다 일반적으로 에너지가 높은 상태에 있다.

다음 분자운동과 액체(또는 기체)의 흐름이라는 매우 중요한 문제에 대해 생각해 보자. 예를 들면 수도꼭지를 조금 느슨하게 늦추면 물은 가느다란 실처럼 되어 꼭지에서 흘러 떨어진다. 또 가느다란 유리관을 약간 비스듬하게 기울여서 물을 흐르게 하자. 물은 확실히 한 방향으로 일직선이 되어 흐른다. 이런 물속에서의 분자운동은 어떤 것일까. 물분자의 열운동 속도는 물이 정지해 있을 경우와 같고 운동 방향도 여전히 서로가 무질서하다. 이 열운동에 중력이 보태져서 물은 아래로 흘러내리는 것이다.

일반적으로 기체든 액체든 적당한 외력(外力)이 주어졌을 때의 분자운동은 열운동에 외력의 영향이 가해진 합성된 운동이 되고 열운동이 없어지는 일은 없다.

**병진운동과 회전운동**

지금까지 말한 분자운동을 더 정확하게 말해서 병진운동이라 부르는데 이것이 열운동의 전부는 아니다. 그 밖에 분자의 회전운동과 분자 자신이 신축 또는 변형하는 내부운동이 있다. 이 책에서는 병진운동과 회전운동을 다룬다.

회전운동이라 하면 분자가 마치 팽이처럼 한 방향으로 빙글빙글 회전하는 운동을 상상할지 모르지만, 실제는 그렇지 않고 회전 방향이 여러 가지로 변화하는 운동이다. 말로는 그런 상태를 이해하기 힘들 것 같아 그림으로 설명하겠다.

지금 <그림 3>처럼 XYZ축으로 직교 좌표를 나타내고 원점 O에 구형(球形) 분자를 두었다고 하자. 이 분자로부터 무게가 없는 1개의 막대가 튀어나와 있고, 그 끝이 꼭 동심구(同心球) ABC의 표면에 닿아 있다고 하자. 분자가 회전운동을 하면, 그것에 따라 막대가 움직이고 구면 위에 그림과 같은 궤적을 그린다. 그 궤적의 모양은 병진운동의 궤적

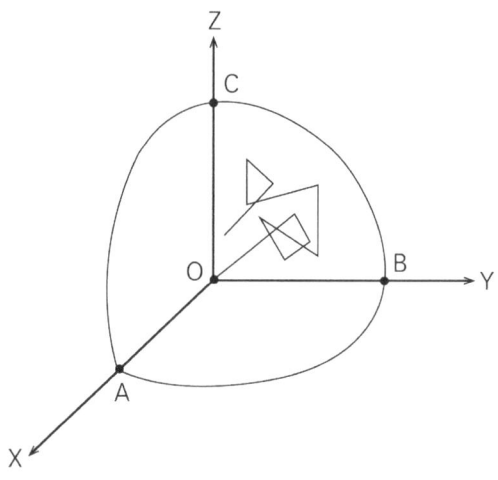

**그림 3** | 분자의 회전운동

(<그림 4> 참조)과 흡사하다. 분자의 회전운동은 이렇게 회전 방향이 항상, 더구나 전적으로 무질서하게 변화하는 운동이다. 이 회전 속도는 병진운동의 속도와 같은 정도다. 나중에 설명하겠지만 물분자의 갖가지 행동은 회전운동에도 영향을 준다. 또 병진운동과 회전운동을 각각 병진의 브라운 운동 및 회전의 브라운 운동이라고 부르기도 한다.

다음에는 액체와 고체를 비교해 본다. 분자 사이의 거리는 일반적으로 고체가 약간 짧고, 분자 속도는 훨씬 느리다. 액체는 분자 속도에 있어서는 기체에 가깝지만, 분자 사이의 거리에 있어서는 오히려 고체에 가깝다. 이 성질은 매우 중요하다. 후에 이야기할 물의 어떤 상태가 액체냐 고체냐를 결정할 때 언제나 이 성질에 의해서 판단하게 된다.

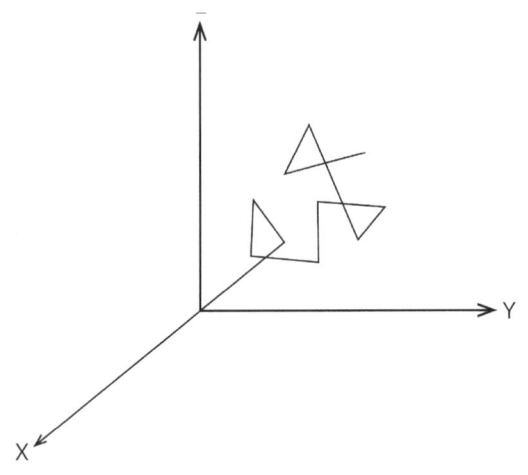

**그림 4** | 분자의 병진운동

그런데 기체, 액체, 고체의 어느 경우든지 분자는 어떤 속도로 운동하고 있는데, '물은 그릇을 좇는다'라는 말이 있듯이 기체나 액체는 자신의 형태를 유지할 수가 없다. 한편, 고체는 깨뜨리지 않는 한 자신의 형태를 언제까지고 보전한다. 이런 차이의 원인은 무엇일까. 이 원인을 알기 위해서 우리는 분자 사이에 작용하는 힘에 대해서 생각해 봐야 한다.

## 분자 사이에 작용하는 여러 가지 힘

사과가 나무에서 떨어지는 것을 보고 뉴턴이 착상했다고 하는 만유인력에 대해서는 모든 사람이 알고 있다. 이 힘은 그 이름이 가리키듯이 모든 물체 간에 작용해서 서로를 끌어당기려는 힘이다. 물론 분자 사이에도 만유인력이 작용한다. 지구 위의 생물이나 모든 물질이 우주의 어디론가 날아가 버리지 않는 것도 이 힘(중력) 때문이다.

그러나 분자(또는 원자) 사이에 작용하는 더 중요한 몇 가지 힘이 있다(힘의 크기를 계산해 보면, 분자 간에 작용하는 만유인력은 앞으로 말할 판데르발스 힘에 비교해서 몹시 작으므로 ㅡ 1/1030 ㅡ 만유인력에 대해서는 고려하지 않아도 된다).

예를 들면 소금의 결정은 <그림 5>처럼 주사위를 겹쳐 쌓은 듯한 형태를 하고 있다. 플러스 전기를 띤 소듐이온과 마이너스 전기를 띤 염소이온이 주사위의 각 꼭짓점에 위치해서 규칙적으로 번갈아 늘어

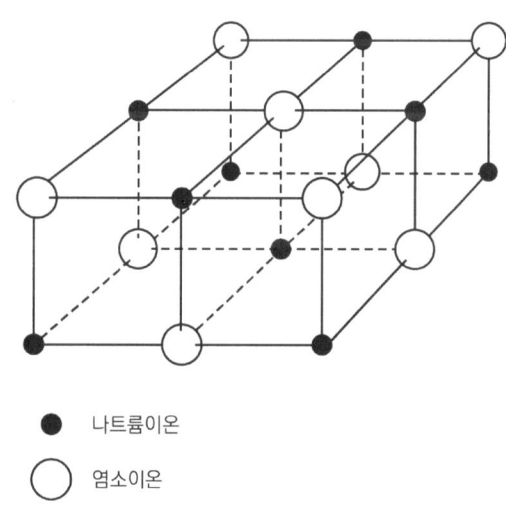

● 나트륨이온
○ 염소이온

**그림 5** | 소금의 결정

서 있다. 이 경우에 소듐이온과 염소이온 사이에는 서로 끌어당기는 힘(쿨롱의 인력)이, 그리고 소듐이온 사이 혹은 염소이온 사이에는 반발하는 힘(쿨롱의 반발력)이 작용한다. 쿨롱의 힘은 전기〔일반적으로는 전하(電荷)라고 한다〕를 가진 이온 사이에 작용하는 힘이며, 그 외에 모든 분자 사이에 작용해서 서로 끌어당기는 판데르발스 힘이 있다. 또 뒤에서 말하게 될 수소결합이라는 힘이 있다. 이 수소결합은 물이나 수용액(水溶液)의 성질을 결정하는 매우 중요한 힘이다.

## 판데르발스 힘

물분자는 2장에서 말하듯이 분자 속에서 플러스 전하와 마이너스 전하가 갈라져 있기 때문에 쌍극자(雙極子) 능률을 가지고 있다(쌍극자 능률은 음양 두 전하의 거리에 전하 값을 곱한 값과 같다). 이런 분자를 유극성(有極盛) 분자라고 한다. 유극성 분자 사이에는 쌍극자에 의한 인력이 작용한다. 짧은 막대 양 끝에 각각 플러스 전기와 마이너스 전기를 띠고 있는 물질을 쌍극자라고 한다. 이 음, 양의 전기의 절댓값은 같으므로, 쌍극자는 전기적으로 중성이다.

이 쌍극자는 자침과 비슷한 행동을 한다. 자침과 자침을 접근시키면 같은 극끼리는 반발하고 N극과 S극은 서로 흡인하는 힘이 작용하는데 유극성 분자(쌍극자) 간에도 비슷한 힘이 작용한다(자침의 경우에는 자기력이 작용하고 쌍극자의 경우에는 전기적인 힘이 작용한다). 커다란 쌍극자 능률을 가진 쌍극자일수록 큰 인력이 작용한다.

그런데 메테인($CH_4$)과 같은 분자는 음, 양의 전하가 갈라져 있지 않으므로 쌍극자 능률을 갖지 않는다. 이런 분자를 무극성 분자라 한다.

메테인을 -184℃까지 냉각하면 고체가 되는 것으로도 알 수 있듯이 메테인 분자 사이에서도 극히 약한 힘이 작용하고 있다. 이 힘이 판데르발스 힘이다. 1873년 네덜란드의 물리화학자 판데르발스가 기체의 상태 방정식을 유도했을 때, 모든 분자는 서로 끌어당기고 있다고 가정했다.

그런데 메테인과 같은 무극성 분자는 유극성 분자와는 달리 쌍극자를 가지고 있지 않으므로 분자 주위 평균 전기장의 값은 제로이다. 그러나 분자 내를 전자가 운동하고 있기 때문에 순간적으로는 쌍극자의 전기장과 같은 전기장이 생긴다. 이 전기장의 방향은 항상 변화하고 있기 때문에 비교적 긴 시간으로 본다면 전기장은 제로가 된다.

이 순간적인 전기장 때문에 무극성 분자 사이에도 힘이 작용한다. 이 힘은 분자 간 거리의 7제곱에 반비례한다. 이 인력의 존재를 런던이 처음으로 양자역학적(量子力學的)으로 설명했기 때문에, 일반적으로 런던-판데르발스 힘이라고 부른다. 또 판데르발스 힘은 유극성 분자끼리 혹은 유극성 분자와 무극성 분자 사이에도 작용하는 것이 증명되었다. 따라서 이 인력은 모든 분자 사이에 작용하고 있다. 이 책에서는 이런 힘들을 일괄해서 판데르발스 힘으로 부르기로 한다.

판데르발스 힘은 특별히 연구해서 만든 천칭을 사용해 직접 측정할 수 있다. 1951년 러시아의 데르야깅과 아브리코스, 네덜란드의 오바비크, 스파르나이가 각각 독립적으로 측정했다.

## 힘의 세력 범위

여기서 힘이라는 말 속에 포함된 뜻을 생각해 보자. 우리는 '저 사람은 힘이 세다'거나 '약하다'는 표현을 일상적으로 쓰고 있다. 이 경우에 힘의 세기가 문제가 된다. 또 '어느 나라 세력 범위'라는 표현을 할 때가 있다. 이 경우에 힘의 크기도 크지만, 힘이 미치는 범위에 중점을 두고 있다. 이렇듯이 우리는 일반적으로 힘에 대해서 생각할 때 힘의 세기와 그것이 미치는 범위를 문제로 삼는다. 분자 사이의 힘을 생각할 때도 역시 힘의 세기와 그 힘이 미치는 범위를 생각할 필요가 있다. 보통 쓰는 '힘이 미치는 범위'라는 말은 오히려 비유적인 것이며, 그 범위 내에서 힘이 어떻게 변화하느냐는 것은 그다지 문제가 되지 않는다.

그런데 분자 사이에 작용하는 힘의 경우에는 분자 간 거리와 더불어 힘이 어떻게 변화하느냐, 또는 그것이 미치는 범위 등을 수치로 구체적으로 나타낼 수 있다. 힘의 종류에 따라 급격히 작아지는 힘이 있는가 하면 완만하게 변화하는 힘도 있다.

또 하나 중요한 힘이 있다. 이 힘은 만유인력과 마찬가지로 모든 물질이 가지고 있는 힘으로서 반발력이라 부른다. 이 힘은 같은 장소를 동시에 둘 이상의 물체가 차지할 수 없다는 원리에서 유래한다. 이것은 고체일 경우에는 매우 알기 쉽다. 예를 들면 컵 속 물에 설탕을 녹였을 경우, 설탕이 물속에 녹아서 전혀 보이지 않게 되므로 컵 속의 공간을 물과 설탕이 동시에 차지하고 있지 않겠느냐고 생각하는 사람이 있을지 모른다. 그러나 만약 배율이 극히 높은 전자현미경으로 분자를 직접 관찰할 수 있다면, 물분자와 설탕 분자가 접촉하고 있지만, 그 이상 더 접근할 수 없는 상태에 있는 걸 볼 수 있을 것이다. 이것은 X선 해석이나 다른 실험으로 확인할 수 있다.

이렇게 본다면 모든 물질은 인력과 반발력을 가지고 있다는 것을 알게 된다.

둘 이상의 분자가 동시에 같은 장소를 차지할 수 없다는 원리에 바탕을 두는 반발력의 작용 범위는 매우 좁다. 보통은 극히 간단하게 생각해서 두 분자가 마침 접촉했을 때 무한히 큰 반발력이 작용한다고 생각한다. 따라서 분자가 떨어지면 이 반발력이 없어진다(이하 단순하게 반발력이라고 할 경우에 이 반발력을 가리킨다). 이에 반해서 같은 부호의 전하를 가진 이온 사이에 작용하는 쿨롱의 반발력은 훨씬 멀리까지 작용하고 두 이온 사이의 거리 제곱에 반비례해서 감소한다.

다음은 인력의 작용 범위로 옮겨보자. 지금까지 설명한 인력은 쿨롱의 인력, 수소결합, 판데르발스 힘 등 세 종류였다. 인력의 절댓값에 따라 작용 범위가 달라지지만 어림잡아서 인력의 작용 범위는 쿨롱의 인력, 수소결합, 판데르발스 힘의 순서로 작아진다. 그 작용 범위는 분자의 지름이 3~4배 정도며, 그 이상 떨어지면 인력이 작용하지 않게 된다. 또 인력의 감소 방법은 쿨롱의 인력이 거리와 더불어 비교적 완만하게(쿨롱의 반발력과 마찬가지로 거리의 제곱에 반비례한다) 감소하고, 판데르발스 힘의 감소 방법은 가장 급격하다.

## 퍼텐셜 곡선

이처럼 어떤 두 분자의 쌍을 생각하면 그 사이에는 반발력의 인력이 작용하고 있음을 알 수 있다. 이 두 종류의 힘이 분자 간 거리와 더불어 어떻게 변화하느냐를 보인 것이 <그림 6>의 퍼텐셜 곡선이다. 그림에서 원점 O에 한 분자를 두고 제2 분자와의 거리를 가로축으로 잡았다. 세로축의 플러스 방향(상향)은 반발력이고, 마이너스 방향(하향)은 인력을 가리킨다. 그리고 반발력과 인력이 거리에 따라 변화하는 상태도 그림에 보였다. 분자 간 거리가 늘어나면 반발력(혹은 반발력의 퍼텐셜)이 인력(혹은 인력의 퍼텐셜)보다 빨리 제로가 된다는 것은, 반발력 곡선이 원점에 가까운 곳에서 가로축에 접근하는 것으로 알 수 있다. 가로축 위에서 두 힘은 다 같이 제로이다. 분자 사이에 작용하는 힘은 이들 반발력과 인력을 합친 힘이며, 이 퍼텐셜 곡선을 (다)로 표시한다. 이 퍼텐셜 곡선은 마침 (A)의 위치가 골짜기(최솟값)로 되어 있다.

지금 제2의 분자를 먼 곳에서부터 차츰차츰 접근시켜 B까지 가져오면, 인력이 작용해 분자는 왼쪽으로 끌어당겨져서 A의 위치까지 도달한다. A를 지나면 퍼텐셜 곡선은 갑자기 위쪽으로 뻗어서 반발력이 인력보다 우세해진다. 따라서 그 이상 원점 O인 곳에 있는 분자에 접근할 수가 없어, A보다 떨어진 곳으로 내쫓긴다. 결국 분자는 골짜기를 중심으로 해서 퍼텐셜 곡선의 골짜기를 왔다 갔다 한다. 이렇게 보면 OA를 분자 사이의 평균 거리라고 할 수 있다. 그리고 인력의 세기

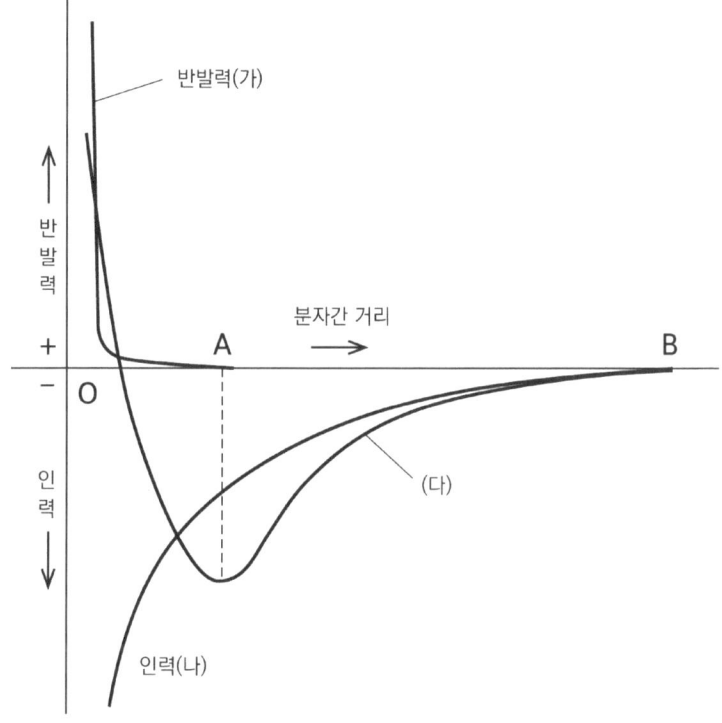

**그림 6** | 분자 간의 퍼텐셜

는 골짜기 깊이에 비례한다. 그림에서는 알기 쉽게 하려고 각 곡선의 가로축을 움직여두었다.

**퍼텐셜 골짜기**

퍼텐셜 곡선의 골짜기를 분자가 운동하고 있으면 어떤 힘이 일어나는지, 찻잔 속에 닦은 구슬을 예로 들어 생각해 보자.

<그림 6>의 퍼텐셜 곡선 (다)의 아랫부분을 보면 이 상태는 찻잔의 단면과 흡사하다. 그래서 간단하게 퍼텐셜 곡선을 찻잔으로 대치하고 그 속에 구슬을 넣어 찻잔을 흔들어 보자. <그림 7>은 깊은 찻잔과 야트막한 찻잔인데, 이것은 분자 간 힘이 센 경우와 약한 경우를 뜻하고 있다. 그리고 찻잔을 흔드는 것은 분자의 열운동에 대응한다. <그림 7>의 (나)에서는 찻잔을 조금만 흔들어도 구슬이 쉽게 밖으로 튀어 나가지만, (가)에서는 웬만큼 세게 흔들지 않으면 구슬이 밖으로 튀어 나가지 않는다. 튀어 나간 구슬은 힘의 작용권에서 벗어났기 때문에 본래의 상태로는 돌아오지 않고 자유로이 돌아다닐 것이다.

이 실험을 바탕으로 알 수 있듯이 <그림 6>의 퍼텐셜 곡선을 생각해 보면, 분자운동이 매우 심할 때는 인력이 작용하고 있더라도 그 힘에 거역해서 힘이 미치지 않는 곳으로 튀어나갈 수 있다.

그래서 다시 한번, 액체와 고체의 차이에 대해서 생각해 보기로 하자. 고체에서는 분자(또는 원자) 간 거리가 액체에 비해서 작으므로 분자 상호 간의 힘이 강하게 작용해서 액체의 경우처럼 자유로이 돌아다닐 수 없다.

위에서 말했듯이, 인력이 미치는 범위는 분자 지름의 기껏해야 3배 정도다. 그리고 이 힘은 분자 간 거리와 더불어 급격히 작아진다. 즉 <그림 6>의 A 위치에서는 인력이 세더라도 이 위치에서 조금만 떨어지면 인력이 극히 약해진다. 고체에 비해서 액체가 움직이기 쉽다는 것,

(가) 분자간의 힘이 강한 경우

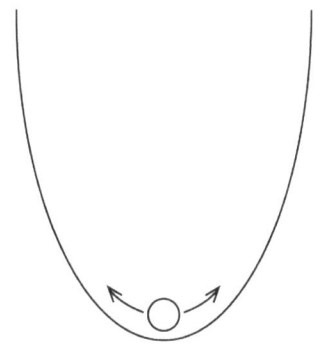

(나) 분자간의 힘이 약한 경우

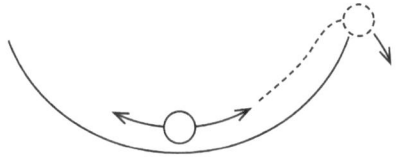

**그림 7** | 퍼텐셜과 분자의 열운동 관계

즉 열운동이 맹렬한 것은 분자 간 힘의 이런 성질에 의한 것이다.

<그림 5>는 소금의 결정이다. <그림 8>은 소듐이온과 염소이온의 배열을 퍼텐셜 곡선을 사용해서 보인 것이다. 결정 상태에서는 이온의 열운동이 약하므로 퍼텐셜의 골짜기로부터 튀어 나갈 수가 없다(엄밀하게 말하면 극히 소수의 이온은 뛰어넘을 수 있다). 그런데 온도를 높여 800℃가 되면 이온의 열운동이 몹시 맹렬해지고, 동시에 이온과의 거

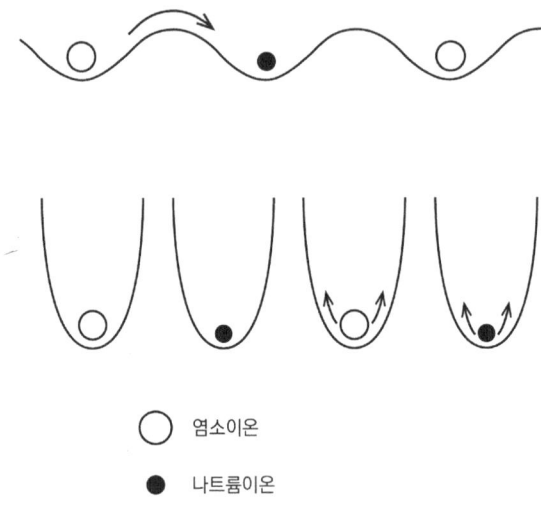

**그림 8** | 소금의 퍼텐셜 곡선

리가 약간 커진다. 이것은 이온 사이의 쿨롱 인력이 작아졌다는 것을 뜻한다. 따라서 <그림 8>과 같이 이온은 자유로이 퍼텐셜의 산을 넘어설 수 있게 된다. 이런 상태에서 소금은 액체가 된다.

앞에서 설명했듯이 기체, 액체, 또는 고체 속 분자의 속도는 모두 다르다. 빨리 움직이는 분자가 있는가 하면 느릿하게 움직이는 분자가 있다. 예를 들면 물의 경우, 아주 빠르게 운동하고 있는 물분자는 물의 표면으로부터 튀어 나가 수증기가 된다. 한편, 수증기 속의 물분자가 우연히 물 표면에 부딪치면 힘의 작용권에 들어가 액체가 되어 버린다. 밀폐된 그릇 속에 물을 넣으면 100°C 이하의 온도에서 튀어

나가는 물분자의 수와, 물속으로 들어가는 물분자의 수가 같다(온도가 높을수록 이 수는 늘어난다). 그런데 100℃가 되면 물속의 모든 물분자의 열운동이 맹렬해져서 액체 상태를 유지할 수 없게 된다. 이것이 비등 (沸騰, 끓음)이다.

퍼텐셜 곡선의 골짜기(즉 최솟값)는 분자 간 힘이 클수록 깊다. 분자가 깊은 골짜기로부터 튀어 나가기 위해서는 열운동이 맹렬해져야만 한다. 즉 많은 열에너지가 필요하다. 비등은 액체의 모든 분자가 서로의 힘의 작용권으로부터 튀어 나가는 온도다. 그래서 분자 간 힘이 강한 액체일수록 비등점이 높다는 중요한 법칙이 얻어진다. 이에 대해서는 2장에서 다시 설명하겠다.

**분자를 잡는다**

지금까지는 같은 종류의 분자 상호 간의 힘과 열운동의 관계에 대해서 말했다. 다음은 어떤 물체와 분자 사이의 힘, 그리고 분자운동과의 관계에 대해서 생각하기로 하자.

어떤 물체(고체)든 이것은 반드시 표면으로 둘러싸여 있다. 이 표면은 거울처럼 미끈한 것도 있고, 또 콘크리트 벽처럼 까칠까칠한 것도 있다(그러나 전자현미경으로 들여다보면 어떤 표면이든 둘쑥날쑥의 반복인 것을 알 수 있다). 그래서 물체와 분자 사이의 작용이란 결국 표면과 분자 간의 작용이다.

이 물체는 원자 또는 분자로 이루어져 있으므로, 물체와 분자 사이의 힘이라고 하더라도 그 본질이 분자 간의 힘인 것에는 변함이 없다. 그러나 우리가 물체라고 할 때는 작더라도 그것은 어떤 형태를 가진, 육안으로 보일 정도의 크기를 가지고 있다. 그리고 이 물체와 분자(이를테면 기체의) 사이의 힘은 기체 분자 상호 간의 힘과 비교해서 단위가 다를 만큼 엄청나게 크다. 예를 들면 공기 속에 드러나 있는 물체의 표면은 반드시 공기 속의 분자에 의해 빈틈없이 덮여 있다고 생각해도 된다. 공기 속에는 여러 종류의 분자가 있는데, 그중 어떤 분자로 덮여 있느냐 하는 것은 표면을 만들고 있는 물질의 종류에 따르게 된다. 그리고 같은 종류의 물질이라도 표면 상태(예를 들면 들쑥날쑥의 정도)에 따라 힘의 크기가 달라진다. 이 표면 성질은 여러 방면에서 이용되고 있다.

얼마 전까지만 해도 처마 밑 거미집에 벌레가 걸려든 장면을 흔히 볼 수 있었다. 하루살이나 기생잠자리, 파리 따위의 작은 벌레는 거미집에 닿기만 하면 꼭 달라붙어 벗어날 수가 없다. 그러나 매미처럼 비교적 큰 곤충은 그물에 걸려들어도 퍼덕거리다가 그물에서 벗어나 날아가 버리는 수가 있다.

작은 벌레의 예를 분자 속도가 느린 경우, 매미의 예를 분자속도가 빠른 경우로 생각할 수 있다. 또는 표면과 분자 사이에 작용하는 힘이 약한 것이 기생잠자리, 센 것이 매미의 예라고 생각할 수도 있다.

분자 세계에서도 거미집과 같은 현상이 실제로 일어나고 있다. 예를 들면 냉장고에 넣어 둔 탈취제는 냄새 분자를 잡아버린다. 분자의

**그림 9** | 분자를 포착하는 힘

열운동은 온도가 높을수록 맹렬하므로, 온도가 낮을 때 분자를 붙잡기 쉽다. 또 표면이 되도록 큰 편이 많은 분자를 잡기 때문에 이런 탈취제는 다공질(多孔質)로 만들어져 있다.

분자 사이에 작용하는 인력 중에는 특별한 조합인 경우에만 작용하는 힘이 있다. 그 대표적인 것이 소금의 예에서 든 쿨롱의 힘이다. 이 힘은 플러스 전하와 마이너스 전하 사이에서 작용한다. 이 힘을 이용하면 이온만을 잡을 수 있다. 이온교환수지가 그 보기이다.

이온교환수지에는 음이온만을 잡는 음이온교환수지와 양이온만을 잡는 양이온교환수지가 있다.

수돗물 속에는 염소이온 등의 이온이 녹아들어 있다. 이 수돗물을 이들 두 종류의 이온교환수지에 통과시키면 양이온과 음이온이 선택적으로 잡혀서 수돗물이 순수한 물로 바뀐다.

그밖에 있는 인체에 해로운 중금속 이온으로 오염된 물에서 이들 이온을 선택적으로 잡아내는 물질도 있다. 이런 물질은 일반적으로 흡착제라고 한다.

# 2장 물의 구조를 밝힌다

1장에서는 물질의 상태가 분자의 열운동에 의해서 결정된다는 것을 알았다. 열운동뿐이라면 분자의 집단은 무질서한 상태이지만 이 상태는 분자 사이에 작용하는 힘에 의해서 하나의 질서 있는 상태가 된다.

이런 입장에서 물을 관찰하면, 물(액체)의 구조는 불변의 것이 아니라 끊임없이 생성과 소멸을 되풀이하고 있다. 그 평균수명은 불과 $10^{-12}$초 정도로 상상도 못 할 만큼 짧은 시간이다. 이 점을 강조한 것을 특히 다이내믹(동적) 구조라고 부른다.

물이라는 물질의 개성은 물분자의 구조에 달려 있다. 물분자는 4개의 팔을 가졌고 그 끝이 결합하면 정사면체가 만들어진다. 물분자는 이 형태를 닮은 결정을 만든다. 즉 얼음은 정사면체의 격자(格子)로 이루어져 있다. 물도 극히 좁은 범위에서 관찰하면 분자의 배열 방법이 얼음과 닮았다.

물이나 얼음의 상태에서 주역을 맡은 힘은 수소결합이며, 물분자의 배열이 정사면체의 구조를 취하는 것은 이 힘 때문이다. 이런 구조를 가진 액체인 물은 어떤 성질을 보여줄까?

## 액체의 대표는 물일까

우리 주변에서 가장 풍부한 액체라면 말할 것도 없이 물이다. 바다는 지구 표면의 4/5를 덮고 있으며, 우리나라는 삼면이 바다로 둘러싸여 있다.

1장에서는 액체를 분자운동의 맹렬성이나 분자 간 거리 등의 관점에서 생각했다. 이것은 액체를 미시적 관점에서 볼 때의 본질적인 면이다. 우리가 보통 액체라고 할 때 어떤 상태의 것을 상상할까.

물이라는 한자의 원형은 ¦¦¦이고 내(川)의 본래 글자 형태는 ⟨⟨⟩⟩으로 모두 흐른 상태를 나타내고 있다. 고대 중국 사람들이 물이라는 글자에 액체의 가장 전형적인 성질을 부여한 것은 지극히 흥미로운 일이다.

물은 분명히 가장 흔한 액체다. 1장에서는 액체나 고체를 분자운동이나 분자 간 힘을 기준으로 해서 관찰했다. 여기서는 액체를 좀 더 자세히 살펴보기로 한다. 우리 주위에는 물 외에 알코올이나 휘발유 등의 액체가 있다. 또 온도계 속에 들어있는 수은도 액체다. 이렇게 액체라고 해도 여러 가지이며, 예를 들면 수은은 금속이다. 보통 금속이라고 할 때는 고체 상태의 쇠붙이 따위를 생각게 한다. 따라서 수은은 좀 별난 액체이지 않을까?

특별하다거나 흔하다는 표현을 쓸 때 어떤 기준이 필요하다. 물리화학자가 물질의 성질을 비교할 때 흔히 기준은 멘델레예프의 주기율표다. 주기율표에서 같은 족(族)에 속하는 원소는 비슷한 성질을 가지고 있다. 물은 산소와 수소의 화합물이므로 산소와 같은 족의 황

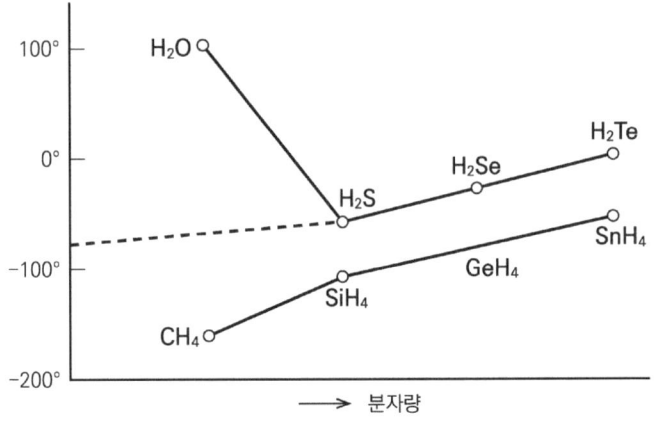

**그림 10** | 수소화합물의 끓는점

(S), 셀레늄(Se), 텔루륨(Te) 등 수소화합물의 성질과 비교해 보자. <그림 10>과 <그림 11>에 이들 화합물의 끓는점과 녹는점을 보였다. 또 탄소족〔탄소(C), 규소(Si), 저마늄(Ge), 주석(Sn)〕수소화합물의 예도 동시에 보였다.

그림으로 알 수 있듯이, 탄소족에서는 분자량의 증가와 함께 이와 비례해서 끓는점과 녹는점이 높아진다. 분자량이 증가하면 분자 간 힘도 커지는데, 이것은 당연한 결과다. 그런데 산소족에서는 물만이 예외다. 탄소족처럼 행동한다면 물이 끓는점은 -80℃, 얼음이 녹는점은 -110℃일 것이다. 그러나 실제는 100℃와 0℃로서 실로 큰 차이가 난다.

탄소족 중에서 저마늄과 주석은 금속인데도, 그 수소화합물의 끓

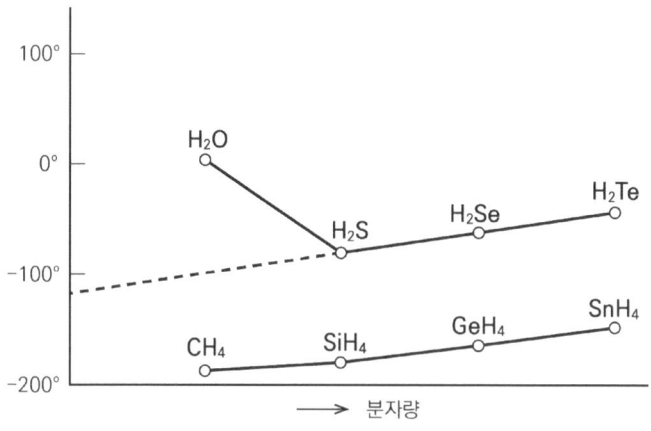

**그림 11** | 수소화합물의 녹는점

녹는점이 -100℃ 전후이므로 상온에서는 기체다.

1장에서 말했듯이 분자 간 힘이 센 액체일수록 끓는점이 높다(마찬가지로 분자 간 힘이 센 고체일수록 녹는점이 높다). 따라서 물은 그림으로 보인 몇 가지 화합물에 비하면 분자 간의 힘이 매우 강하다는 것을 알 수 있다. 즉 <그림 10>, <그림 11>과 같은 성질을 기준으로 한다면, 물은 예외적인 존재이지 결코 매우 흔한 액체라고는 할 수 없다.

사물에 대한 사고 방법의 순서는 간단한 것에서부터 복잡한 현상으로 나아가는 것이 보통이다. 액체의 성질을 고찰할 때도 마찬가지로, 이런 사고 방법을 통해서 비로소 1장에서 말한 것과 같은 기체, 액체, 고체의 차이가 분명해진 것이다.

이런 사고 방법에 따른다면 단순한 액체라는 것은 구형의 원자 또는 분자로 이루어져 있고, 분자 간의 힘은 판데르발스 힘과 반발력이 작용하고 있는 액체라고 할 수 있다.

이런 액체로는 아르곤과 메테인 액체 등이 있다. 금속 액체 또한 구상(球狀) 원자로 이루어져 있는 단순 액체이다. 이런 액체는 일상생활에서는 좀처럼 볼 수 없다. 물리화학적 기준과 일상생활에 바탕을 두는 감각적인 기준과는 이렇게 차이가 있는 것이다.

**물분자의 구조와 작용하는 힘**

이제까지 살펴보았듯이 물은 다른 액체와는 상당히 다른 성질을 가진 액체다. 이 차이가 어떤 원인에 의한 것인지 좀 더 자세히 생각해 보자.

물이 산소족의 다른 화합물과 비교해서 끓는점이 높은 것은 물분자 사이에 작용하는 분자 간 힘이 세기 때문이다. 액체에서 기체로 바뀔 때는 분자 사이에 작용하고 있는 힘에 거역해서 분자가 무질서하게 흩어져야 한다. 이때 분자를 흩어지게 하기 위한 에너지는 열의 형태로 주어진다. 액체의 온도가 높아지면 높아질수록 분자의 열운동이 맹렬해지고, 분자 사이에 작용하는 인력을 뿌리치고 액체로부터 튀어 나가는 분자수가 많아진다. 반대로 분자 사이의 힘이 센 액체일수록 높은 온도까지 가열하지 않으면 액체는 끓지 않는다.

그렇다면 물분자 사이에 작용하고 있는 힘은 어떤 힘일까? 먼저 물분자의 구조를 알아야 한다. 물분자의 구조를 <그림 12>에 보였다.

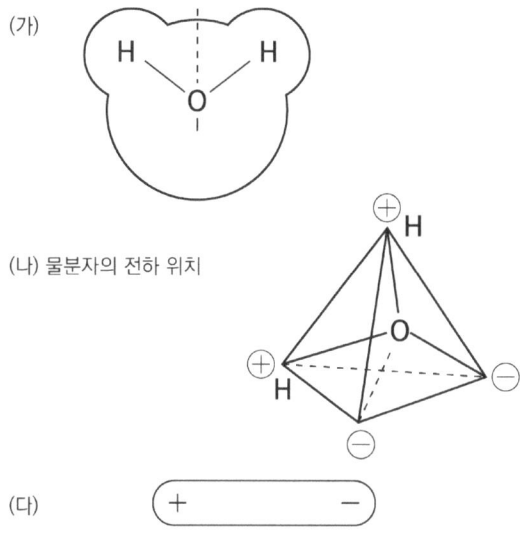

**그림 12** | 물분자의 구조

물분자는 <그림 12>처럼, 1개의 산소 원자(O)와 2개의 수소 원자(H)가 결합해서 만들어진 화합물로 각(角) HOH는 105°3′로 정사면체의 각 109°5′에 가깝다.

물분자에는 4개의 전하가 있다. 중심은 반드시 산소의 핵이 있는 정사면체의 꼭짓점에 위치해 있다. 4개의 전하 중, 2개는 플러스 전하, 나머지 2개는 마이너스 전하다. 산소의 핵으로부터 각 전하까지의 거리는 0.99Å이다. 이 모양이 <그림 12>의 (나)이다. 4개의 전하가 대칭 위치에 있으므로, 물분자는 <그림 12>의 (다)처럼 막대자석과 같은 행동을 한다. 즉 물분자는 쌍극자 능률을 가지고 있다. 이 쌍극자 능률은 나중에 설명하겠지만, 이온과 상호작용을 할 경우 중요한 작용을 한다.

**물분자의 이중성격**

또 물분자끼리는 수소결합에 의해서 서로 작용한다. 수소결합은 예를 들면 O—H⋯O처럼 수소 원자를 사이에 끼면서 2개의 산소 원자가 맺어지는 따위의 결합이다. 여기서 O—H는 1개의 물분자 속에는 2개의 OH(수산기)가 있는데(O는 공통) 그중의 한 OH를 가리키고 있다. 이 경우 ⋯O의 산소가 반드시 물분자 산소 원자일 필요는 없다. 알코올도 OH를 가지고 있으므로 이 산소 원자라도 상관없다.

또 아미노산에는 아미노기($-NH_2$)가 포함되어 있는데, N—H⋯O와 같은 수소결합도 있다. 수소결합의 몇 가지 예를 <표 3>에 들었다. 여기서는 어떤 분자 사이에 어떤 수소결합이 만들어지고 있느냐를 보여주기 위해 괄호 안에 분자의 보기를 들었다.

<표 3>에서는 수소결합이 되어 있는 3개의 원자를 일직선으로 배열해서 나타냈는데, 이들 원자는 꼭 일직선 위에 있을 필요는 없다. 그러나 수소결합의 세기는 이처럼 일직선으로 배열되었을 때 가장 세고, 3개의 원자가 이루는 각이 90°가 되었을 때는 수소결합이 형성되지 않는다고 생각해도 된다. 즉 수소결합은 방향성을 가진 힘이다.

한편 판데르발스 힘은 방향성이 없고, 어느 방향으로나 똑같이 작용하며, 거리에 따라서만 변화한다. 즉 떨어져 나감에 따라서 약해진

| | |
|---|---|
| O−H······O | 물이나 알코올 |
| O−H······H | 아미노산과 물 |
| N−H······O | 아미노산과 물 |
| N−H······O=C | 펩타이드기(단백질) |

**표 3** | 수소결합의 예

다. 수소결합 또는 거리에 따라 변하지만, 그 감소 방법은 판데르발스 힘보다 완만하다.

이렇게 보면 물분자는 수소결합과 쌍극자 능률에 의한 두 가지 힘을 가지고 있는 것이 된다(물론 판데르발스 힘도 가졌다). 물의 끓는점이나 얼음의 녹는점이 같은 족의 다른 화합물과 비교해서 높은 것은 실은 이들 힘, 특히 수소결합 때문이다.

그렇다면 하나의 물분자는 모두 몇 개의 수소결합이 가능할까. 수소 원자 2개가 있으므로 적어도 2개의 수소결합을 만들 수 있다. 그 밖에 산소 원자도 2개의 수소결합을 만들 수 있다. 즉 물분자는 수소결합을 만들 수 있는 4개의 팔을 가지고 있다.

그런데 이 팔은 자유자재로 휘어질 수 없다. 4개의 팔 중 2개는 OH 이므로, <그림 12>에서도 알 수 있듯이 2개의 팔은 정사면체의 각을 이루고 있다. 나머지 산소 원자로부터 뻗은 팔도 실은 같은 각도를 이루고 있다. 즉 <그림 12의> (다)를 보고 상상할 수 있듯이, 4개의 팔은 O로부터 서로 정사면체의 각 방향으로 뻗어 있다.

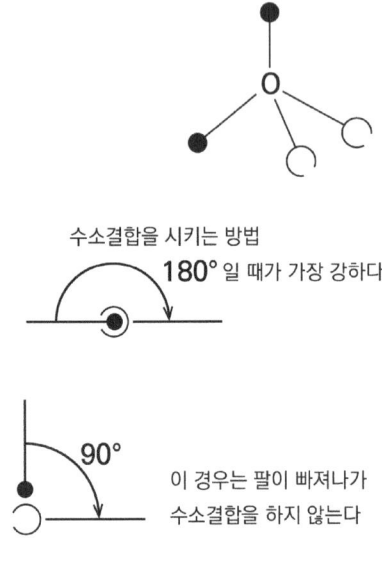

**그림 13** | 물분자의 4개의 팔

    이 중 H가 붙어 있는 팔과 O에서 직접 나와 있는 팔과는 성질이 약간 다르다. 즉 H가 붙어 있는 팔은 O나 N과 결합할 수 있지만, H와는 결합할 수 없다. 한편, O에서 직접 뻗은 2개의 팔은 H와만 결합할 수 있다.

    이처럼 물분자는 자석처럼 행동하기도 하고, 4개의 팔로 다른 분자 또는 물분자와도 결합할 수 있는 이중성격을 지니고 있다.

    물분자에 접근하는 분자나 이온의 종류에 따라서 어느 편인가의 힘이 주역이 된다. 비유적으로 말하면, 수십억 년 전 물분자가 만들어졌을 때 이 이중성격이 생겼다면, 물분자가 주어진 환경에 따라서 어떻게 행동하면 되는가를 기억해 왔다. 물분자의 환경에 대한 적응성, 그밖에 여러 가지 정보는 물분자의 이 정사면체 구조 속에 숨겨져 있다.

물분자의 4개의 팔을 알기 쉽게 그려보면 <그림 13>처럼 나타낼 수 있다. ●—의 팔은 ○—의 팔고리 속에 끼여서 결합할 수 있지만, ○—끼리 또는 ●—끼리는 결합할 수가 없다. <표 3>의 예로서 알 수 있듯이 ●— 또는 ○—와 같은 팔을 가진 분자는 물분자 외에도 많이 있다. 이런 분자는 이 ●—와 ○—의 팔로 결합할 수 있다.

물분자나 알코올 분자 등이 대표적인 것이다. 물이나 알코올 안에서는 분자가 수소결합 되어 있다. 이런 액체를 회합액체(會合液體)라고 부른다.

**물의 성질**

물에 대해서 고대 중국 사람은 이렇게 말했다.

> 수원(水源)에서 솟아 나온 물이 밤낮을 쉬지 않고 강줄기를 따라서 흐르며 조금도 끊기지 않는다. (중략) 더러운 것을 던져 넣어도 말끔히 씻어내고 (중략) 누구나 쉽게 손을 넣을 수 있으며 품질에 거짓이나 속임수가 없어 만물이 이것을 얻어 생장하고, 이것이 없어지면 사멸한다. 천지 사이를 순환하면 국가의 활동을 이루어 준다.

품질에 거짓이나 속임수가 없다는 것은 구체적으로 어떤 내용을 말하는지 분명하지 않지만, 물의 성질이 장소에 따라서도 변하지 않는다는 뜻인지도 모른다. 관찰이 구체적이며 흥미롭다.

그런데 물은 액체로서는 별난 성질을 가졌다는 것을 끓는점과 녹는점을 예로 들어 설명했다. 물과 생명이라는 관점에서 또 다른 성질도 살펴볼 필요가 있다.

**식기 어려운 액체**

구리나 쇠 따위의 금속을 가열하면 금방 뜨거워지지만 돌멩이나 시멘트 덩어리는 그다지 뜨거워지지 않는다. 이렇게 물질에 따라 뜨거워지기 쉬운 성질의 정도가 다르다. 이 뜨거워지기 쉬운 성질의 정도를 나타내기 위해 비열(比熱)이라는 양을 사용한다.

비열의 단위는 1g의 물 온도를 14.5℃에서 15.5℃까지 1℃를 높이는 데 필요한 열량을 사용하며 이 열량을 1℃당 1cal(칼로리)라는 단위로 나타낸다. 대개의 액체는 0.5cal/℃ 정도이고, 금속은 0.1이거나 또는 그보다 훨씬 작다.

따라서 물은 매우 비열이 큰 액체이며 비열의 정의로서도 알 수 있듯이 그 자신은 다른 물질과 비교해서 많은 열을 축적할 수 있다. 즉 뜨거운 물은 잘 식지 않는다. 끓는 물을 넣어 허리나 다리가 시릴 때 품는 보온기는 물의 식기 어려운 성질을 이용한 것이다.

바다는 지구의 4/5를 덮고 있기 때문에 물의 비열이 크다는 이런 성질은 전 지구적인 규모로까지 영향을 미치고 있다. 잘 알려져 있듯이 기온은 해류에 의해 영향을 받는다. 흥미로운 예로 북유럽의 기후를 살펴보자.

미국의 남동해안에서 시작하는 북대서양 난류는 영국과 아이슬란드 사이를 빠져나와 노르웨이 서해안을 씻어내고 있다. 북위 65° 이남의 노르웨이 서해안과 유틀란트반도 서부에서는 1월의 평균 기온이 0℃ 이상인 데 반해서 15~20°나 남쪽에 위치하는 일본 홋카이도의 삿포로 평균 기온은 -5.9℃로 북유럽 쪽이 훨씬 따뜻하다.

이것은 난류가 실어 오는 막대한 열량 덕분이다. 프랭크스는 난류가 실어다 나르는 열량에 대해서 이렇게 어림하고 있다.

너비 100마일, 깊이 0.25마일의 물이 시속 1마일(약 1,609㎞)로 흐르면 시간마다 $25\ell^3$/mile(매초 2,850만 톤)의 물이 이동하는 것이 된다. 지금 20℃만큼 온도가 낮은 지역으로 이 물이 흘러갔다고 하면 이때 운반되는 열량은 1억 7,500만 톤의 석탄을 연소해서 얻어지는 열량에 상당하다. 이 열량은 1년 동안 전 세계의 탄광에서 캐내는 석탄을 가지고서도 12시간밖에 보급하지 못하는 양이다.

한편, 일본을 둘러싸고 흐르는 쿠로시오 해류에 대해서도 같은 계산을 해 본다면 쿠로시오가 운반하는 매초의 수량은 6,900만 톤이고, 열량은 매초 1만 2,000억kcal이다. 이것은 석유를 매초 12만kg 연소했을 때 얻어지는 열량이라고 한다.

여기서 수온과 생물의 관계에 대해서 약간 언급해 두겠다. 양서류는 물속에 알을 낳는데 그 시기가 일정하다. 만약 수온이 1~2℃ 높거나 낮거나 하면 기형이 생기는 등 장해가 일어난다. 그러나 물의 열용량이 크기 때문에 변화가 일어나기 어렵다. 한편, 곤충의 알은 온도 변화에 강하다. 그 까닭은 나중에 설명하기로 한다.

**물은 증발하기 어렵다**

<그림 10>에 보인 바와 같이 물의 끓는점은 다른 액체와 비교해서 이상하게도 높다. 이것은 앞에서 말했듯이 물분자 사이의 힘(수소결합)이 강하기 때문이다. 그래서 물을 증발시키기 위해서는 이 강한 분자 간의 힘을 단절할 만한 열을 주어야 한다. 반대로 일정한 온도에서 물이 증발할 때 많은 열을 빼앗는다.

예를 들면 주사를 놓을 때 알코올을 적신 탈지면으로 팔을 닦으면 싸늘한 느낌이 든다. 이것은 알코올이 증발할 때 팔에서 열을 빼앗아 가기 때문이다.

인간의 체온은 여러 작용으로 일정하게 유지되고 있는데, 그중에서 가장 중요한 것은 피부 표면에서 땀의 증발에 의한 것이다. 만약 땀샘이 막히면 체온이 이상 상승하여 죽게 된다. 신체 표면 1/3 이상이 화상을 입으면 죽게 되는 원인의 하나가, 이 체온 조절 기능이 상실되기 때문이다.

개구리는 변온동물인데 청개구리를 공기가 건조한 때나 바람이 셀 때, 뭍에다 두면 체온이 기온보다 상당히 낮아진다. 이것은 몸 표면으로부터 물이 증발하고 그래서 많은 열을 빼앗기기 때문이다.

  오지항아리에 물을 담아 뚜껑을 닫고 통풍이 잘되는 곳에 두면, 스며 나온 물이 증발하기 때문에 항아리 속의 물 온도가 내려가서 찬물이 얻어진다. 서남아시아의 건조 지대에서는 오지항아리가 중요한 생활 필수품이다. 이 지방 주민은 이런 방법으로 찬물을 얻는다.

  일본의 옛 수도 에도(江戶, 지금의 도쿄)에 왔던 캠퍼는 1687년 11월 25일 페르시아 가무론에서 형에게 보낸 편지에 흥미로운 관찰 기록을 담았다.

> 이곳의 견뎌내기 어려운 열풍은 습기가 없어서 물과 다른 액체의 온도를 내려놓아 거의 마실 수가 없게 됩니다.

  나중에 다시 말하겠지만, '동결건조'라는 방법이 있다. 예를 들면 어떤 지방의 두부는 추위 속에서 두부를 얼려 건조해 만든다. 이때 얼음은 액체인 물을 거치지 않고 바로 수증기가 되는데 이것을 기화(氣化)라고 한다. 기화 때도 다량의 열을 빼앗기 때문에 얼음이 녹는 일이 없다. 눈이 많은 지방에서 흔히 만드는 마른 떡 역시 마찬가지다. 얼음이 녹아 물이 되고 그런 다음에 건조하면 딱딱해서 파삭파삭하지 않아 그대로는 도저히 먹을 수가 없다. 그래서 마른 떡은 가장 추운 시기에 만든다.

  물이 기체가 될 때 다량의 열을 뺏는 이 현상을 이용한 생활의 슬기는 대체 언제쯤부터 발견되었을까. 물의 문화사라는 관점에서도 매우 흥미로운 일이다.

**물은 수축한다**

탁구공을 상자에 채워 넣어보자. 그 상태가 <그림 14>이다. 되도록 빈 틈이 없게 차곡차곡 포개면 어느 탁구공이든 주위에 12개의 공과 접하는 배열이 된다.

예를 들면 아르곤이나 수은의 원자는 구형이므로, 액체 상태에서는 어느 원자이든 주위에 12개의 원자와 접해지는 배열이 된다. 더 정확하게 말한다면 원자는 맹렬한 열운동을 하고 있으므로 임의로 선택

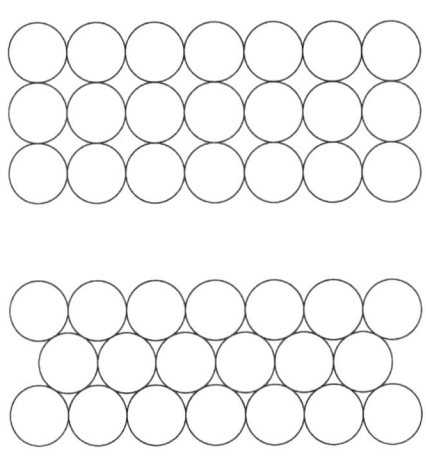

**그림 14** | 탁구공을 쌓는 방법

한 원자 주위에는 12개보다 약간 적은 10개 정도의 분자가 있다(이 12개의 구가 접해 있는 상태를 최밀충전(最密充電)이라고 한다).

이미 말한 대로 물분자는 1개의 산소 원자와 2개의 수소 원자로 이루어져 있는데, 수소 원자는 몹시 작으므로 물분자를 거의 구에 가까운 것으로 생각해도 된다. 그러므로 물분자를 되도록 빈틈이 없게 차곡차곡 채우면 역시 12개의 물분자와 접하게 배열할 수 있을 것이다.

그런데 X선으로 조사해 보면, 기껏 4~5개 정도의 물분자가 중심의 물분자와 접해 있는데 불과하다(<그림 15> 참조). 이 물의 구조에 대해서는 나중에 설명하겠으므로 여기서는 12개와 4, 5개의 차이에만 주목해 두자. 실제로 12개를 배열할 수 있는데도 4, 5개밖에 없다는 것은 물이 틈 사이가 많은 액체라는 증거이다.

기체는 1장에서 자세히 설명한 대로 액체나 고체에 비교해서 같은 부피(이를테면 1ℓ) 속의 분자 수가 엄청나게 적다. 즉, 분자와 분자 사이가 빈 틈투성이다. 하기야 기체의 경우에는 아무것도 없는 공간의 비율이 훨씬 높음으로 빈틈이라는 표현이 적당하지 않을지 모른다. 자전거 튜브에 공기를 넣어본 일이 있는 사람이라면 누구나 공기는 수축하기 쉽다는 것을 감각적으로 알고 있을 것이다. 이를 생각하면 빈틈이 많은 액체는 수축하기 쉽다고 해도 될 것이다.

몇몇 액체의 압축률을 비교하면 <표 4>와 같다. 압축률이 큰 액체일수록 수축하기 쉽다. <표 4>로부터 알 수 있듯이 물은 글리세린이나 수은보다 수축하기 쉽지만, 에탄올보다는 수축하기 어렵다. 수은

| 액체 | 압축률 |
|---|---|
| 수은 | 3.8 |
| 물 | 45.9 |
| 글리세린 | 21.7 |
| 에탄올 | 114 |

**표 4** | 액체의 압축률(압축률의 값이 큰 액체일수록 압축되기 쉽다)

과 물을 비교하면 수은은 틈 사이가 작다.

물 1cc의 무게는 약 1g이다. 지금 밑면적 1cm², 높이 10m의 물기둥을 생각한다면 이 물기둥의 밑바닥에 1kg의 무게가 걸려 있는 계산이 된다. 즉 바다에서 10m를 잠수하면 약 1kg의 무게로 가압된다. 1만 미터의 해저는 1,000kg, 즉 1t의 힘으로 짓눌리는 것이 된다.

액체나 고체가 짓눌리면 압축한다는 것을 일상생활에서 실감하는 일은 그리 없지만(고무 등의 예를 제외하고), 이런 큰 힘을 받으면 물도 수축한다.

앞에서 말한 프랭크스의 눈어림에 따르면, 만약 물이 전혀 수축하지 않는 액체였다면 해면은 현재보다 40m나 높아지고 지구 위 모든 육지의 5%가 바닷속에 잠겨버린다고 한다.

그밖에 특히 주목할 물의 성질로는 4°C에서 밀도가 최대이며, 표면장력(表面張力)이 매우 크다는 것을 들 수 있다. 또 물은 아마 가장 많은 종류의 물질(유리나 금속마저도 녹는다)을 녹이는 액체다. 이 용해성에 대해서는 고대 중국 사람들도 지적한 바다. 이 성질에 대해서는 나중에 다시 언급하겠다.

## 18종류의 물

지금까지 물의 분자식을 $H_2O$로 사용해 왔다. 이것은 원자의 질량수 1인 수소 원자(H)와 질량수 16인 산소 원자가 화합한 물을 말한다.

그러나 물은 $H_2O$뿐만 아니라 그 밖에도 여러 종류의 물이 존재한다. 1934년 미국의 유리가 순수한 물이 보통의 수소와 산소 외에 H의 2배 질량을 가진 수소를 포함하고 있다는 것을 발견했다. 이 수소를 중수소(重水素)라 부르고 D 또는 $^2H$라는 기호로 나타낸다.

그 후 수소에는 삼중수소(트라이튬, T 또는 $^3H$로 표기)라고 불리는 또 하나의 동위체(同位體)가 있고, 산소에도 $^{16}O$, $^{17}O$, $^{18}O$ 3종류의 동위체가 존재한다는 것을 알았다. 이들 동위체를 조합하면 18종류의 물이 존재하게 된다. 우리가 일상 마시고 사용하는 물은 이런 여러 가지 물의 혼합물이다.

그런데 이들 물은 어떤 비율로 섞여 있을까. 밝혀진 바로는 수소 및 산소의 동위체 비율은 $^2H:^1H=1:69,000$, $^{17}O:^{18}O:^{16}O=1:5:2,500$이다. 이 비율은 어떤 물을 취해도 변함이 없다. 이 사실은 지구 위에 물이라는 화합물이 생겼을 때부터 오랜 세월이 지났으며, 그동안에 지구 위의 물순환이 헤아릴 수 없을 만큼 많이 반복되었다는 것을 말해준다.

수소의 동위체 중 트라이튬 $^3H$는 방사성을 지니고 있으며, 12~13년의 반감기(半減期)를 가지고 있다. 이 수소는 우주선에 의한 핵반응 등으로 대기 상층에서 만들어지기 때문에 비나 눈 속에 포함되어 있다. 천연수를 그릇에 담아 외기가 닿지 않게 해두면, 오랜 세월이 지난 뒤에는 이 천연수에서 트라이튬이 없어진다. 그래서 이 트라이튬의 농도로 포도주 등의 연대를 결정할 수 있다. 따라서 트라이튬을 분자시계로 사용할 수 있다.

일본 요미우리신문에 분자온도계에 관한 기사가 실려 있었다. 이에 따르면 조개는 바닷물 속의 물, 산소, 탄소이온 등을 섭취하고 복잡한 대사경로를 거쳐 탄산칼슘의 껍질을 만든다. 이때 수온이 높을수록 탄산칼슘에 섭취되는 $^{18}O$의 비용이 줄고 $^{16}O$의 비율이 높아진다. 그래서 조개껍질 속의 $^{18}O$와 $^{16}O$의 존재 비율로부터 그 조개껍질이 형성된 당시의 수온을 알 수 있다. 이 방법은 중수소를 발견한 유리(H. Urey)가 발견했다. 이 방법을 사용해서 승문시대(繩文時代)의 일본 열도 각지에 해수 온도를 조사하는 연구가 시작되었다.

여기서 중수 $D_2O$의 성질을 알아두자. 이 중수의 끓는점은 101.4℃, 어는점이 3.8℃로 모두 $H_2O$의 그것보다 높다. $D_2O$는 원자로(原子爐) 내의 감속제로서 다량 사용되고 있다.

나중에 더 상세히 말하겠지만, $D_2O$의 생리작용은 매우 흥미롭다. 쥐 따위의 고등동물이 중수 농도가 10% 정도인 물을 먹으면 죽게 된다. 훨씬 더 하등한 생물, 예를 들면 성게의 수정란을 중수 농도 70%의 바닷물에 넣으면 갑자기 성장이 멎지만 죽지는 않으며, 이 알을 보통 바닷물에 넣으면 다시 성장을 시작한다. 일반적으로 농도의 차이는 있지만 중수는 생물에게 해롭다.

같은 물이라도 수소 원자의 질량이 2배가 된 것뿐인데 어째서 이렇게도 성질이 다를까. 즉 $H_2O$가 없으면 생물은 살아갈 수가 없다. 한편 중수 속에서는 생물은 사멸하고 만다. 중수는 이른바 독물은 아니다. 이 차이 또한 물이 지니고 있는 성질에 의한 것이다. 이 대답은 뒤로 미루자. 다만 여기서는 보통 물($H_2O$로 표시되는 물, 경수(輕水)라고도 한다)과 중수의 끓는점과 어는점의 비교로부터 중수가 분자 간 힘이 세다는 것을 지적해 둔다.

## 증류수란 무엇인가

순수한 물질의 성질, 예를 들면 끓는점이나 어는점, 또는 밀도 등은 물리학이나 물리화학 등의 연구에 있어서 기준이 되는 대단히 중요한 인자(因子)이다. 따라서 되도록 순수한 물질을 만들어 그 물질의 여러 가지 성질을 정밀하게 측정하는 일은, 화려하지는 못하지만 매우 중요한 일이다.

그런데 현재 25℃의 증류수(순수한 물)의 밀도로 실측된 것은 0.99707이라는 값이다. 그런데 바닷물 등의 성질을 더 자세히 연구하기 위해서는 소수점 이하 여섯째 자리까지 수치가 필요하다는 것을 알았다.

그래서 국제해양학회와 유네스코에서 증류수의 밀도를 소수점 이하 여섯째까지 측정하기를 권고했다. 그런데 여기서 매우 중요한 한

가지 문제에 직면하게 되었다.

보통 증류수는 수돗물을 증류해서 만든다. 그런데 중수는 끓는점이 높으므로 증류해서 만든 물에는 근소하지만 증류 전의 물보다는 중수가 적게 들어 있다. 이와 같은 이유로 적도 바로 밑의 바닷물은 중수 농도가 높고 극지로 갈수록 중수 농도가 낮아진다.

보통 물에는 여러 물질이 녹아들어 있어서 한 번의 증류만으로는 이들 물질을 완전히 제거할 수가 없다. 증류를 반복하면 동위체의 조성이 바뀐다. 밀도를 여섯째 자리까지 구하면 동위체 조건의 근소한 차이에도 영향을 주게 된다. 증류수란 무엇이냐는 것이 지금 밀도 측정을 하는 연구자를 괴롭히고 있다. 1장에서 말한 이온교환수지를 쓴다거나 또는 여과 방법으로 증류수를 만드는 수단도 있지만, 증류의 경우와 마찬가지로 이온교환수지 또는 필터를 통과한 전후에 물의 동위체 조성이 바뀔지도 모른다. 이 점부터 먼저 확인해야 한다. 이와 같이 정밀도를 한 자리 높이기 위해서는 이에 따라 파생되는 갖가지 어려운 문제를 동시에 해결해야 한다.

**어째서 얼음은 물에 뜨는가?**

지금까지 살펴왔듯이 물은 특별한 성질을 가진 액체다. 물의 특이성은 얼음의 성질과도 밀접한 관계가 있다.

거의 대부분의 물질은 액체에서 고체로 바뀔 때 부피가 줄어든다. 즉 밀도가 커진다. 그런데 물이 얼면 부피가 늘어난다. 이와 같이 고체가 되었을 때 부피가 늘어나는 물질은 이 외에도 비스무트(Bi) 등 극히 소수밖에 없다.

얼음은 같은 온도의 물보다 밀도가 작으므로 물에 뜬다. 만약 얼음이 물보다 무겁다면 지구는 얼음으로 덮이고 생물은 죽어 멸망했을 것이 틀림없다.

물의 밀도는 4℃에서 최댓값을 갖는다(이 온도를 최대 밀도 온도라고 한다). 따라서 깊은 바다에서는 해면에서 일고 있는 파도의 영향도 없고, 4℃에 가까운 일정한 온도가 유지되고 있다(바닷물에는 소금을 비롯한 실로 많은 물질이 녹아들어 있으므로 최대 밀도 온도는 4℃와는 다르다). 온도가 낮고 일정하다는 환경은 깊은 바다에서 살고 있는 생물의 생태에 큰 영향을 주고 있을 것이다.

그러면 어째서 얼음은 물 위에 뜰까. 그 대답은 얼음의 결정구조에서 얻어진다. 얼음의 결정구조는 X선 회절로 알 수 있다. <그림 15>는 얼음 I의 결정구조다.

각 물분자는 정사면체의 꼭짓점에 자리 잡은 4개의 물분자로 둘러싸여 있고, 결정을 위에서 보았을 때 물분자는 육각형 상태로 늘어서 있다. 이 정사면체의 배열은 물분자의 구조(<그림 12> 참조)에 유래한다.

그림에서 보듯이 얼음의 결정에는 많은 틈 사이가 있다. 조금 전에 말했듯이 구(球)를 되도록 틈 사이가 없게 가득 채우면 12개의 구로 둘러싸이는데, 얼음에서 최근접 분자 수는 4개이다. 이것으로 미루어 보아 얼음은 틈 사이가 많은 구조를 가졌다는 것이 이해된다.

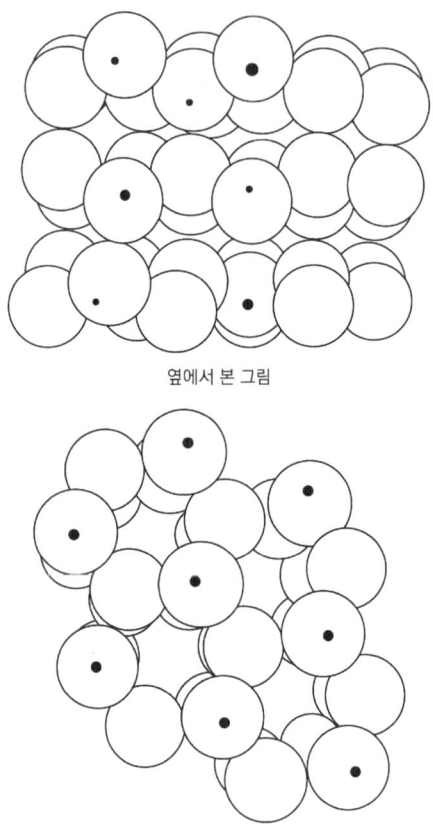

옆에서 본 그림

위에서 본 그림

**그림 15** | 얼음의 결정구조

1장에서 말했듯이 분자의 열운동은 액체가 훨씬 맹렬하므로, 얼음이 녹아서 물이 되면 얼음의 결정구조가 무너진다. 예를 들면 서로 정사면체 방향으로 접하도록 배열된 탁구공이 든 상자를 흔들어대면(<

그림 15>의 구를 이렇게 배열한 탁구공이라고 생각해도 된다) 허물어져서 벗어 나간 탁구공이 틈 사이의 일부를 메워버린다. 액체인 물에서도 같은 현상이 일어난다.

그런데 밀도는 일정한 부피 속의 분자 수에 비례하기 때문에 결국 얼음이 물보다 밀도가 작으며, 따라서 얼음이 물에 뜨게 된다.

얼음의 밀도가 작은 것은 빈 구멍의 비율이 물에 비해 많기 때문이다. 그렇다면 만약 이 빈 구멍의 비율이 물보다 적을 만한 얼음을 만들 수 있다면, 그 얼음의 밀도는 물보다 커질 것이다. 틈 사이를 작게 하려면 어떻게 하면 될까. 간단히 생각해서 힘을 가해 꾹꾹 눌러 붙이면 될 것이다. 실제로 얼음 I에 압력을 가하면 빈 구멍이 적은 얼음을 만들 수 있다. 지금까지 알려진 얼음에는 I에서 XI까지가 있으며 그중에서 밀도가 제일 큰 것은 얼음 VII이다. 그 값은 −50℃, 약 25,000기압 하에서 $1.66g/cm^3$이다.

얼음의 결정에서 X선 회절로 알 수 있는 것은 다만 산소 원자의 위치뿐이며 수소 원자의 위치는 모른다. 따라서 중성자산란(中性子散亂) 방법을 사용해야 한다. 이 결과 얼음의 결정은 물분자가 서로 수소결합되어 있는 것으로 밝혀졌다.

### 맹렬하게 운동하는 얼음의 결정

그런데 얼음 결정 속 물분자는 정지해 있는 것일까. 여러 방법으로 확인한 바로는 얼음 속에서도 물분자는 맹렬한 운동을 하고 있지만 물속에서보다는 느리다. 약 10만 분의 1초 정도의 비율로 회전하거나(이 회전운동에 대해서는 <그림 3> 참조) 결정 속을 방황하고 있다. 그 때문에 <그림 15>와 같이 얼음 결정 전체에 물분자가 정연하게 정사면체 상태로 배열된 것이 아니라, 곳곳에 격자점(格子點)이 비어 있다. 이것을 격자결함(格子缺陷)이라고 부른다.

얼음의 격자점에 있는 물분자는 진동이나 회전운동을 하고 있는데, 격자결함이 곁에 있으면 그 속에 이웃 물분자가 빠져든다. 얼음 속 물분자의 이동은 이런 방식으로 일어난다.

그런데 얼음의 결정구조에 대해서 말할 때는 산소 원자의 위치와 2개의 수소 원자의 방향도 알고 있어야 한다. 즉 이 두 인자(因子)에 의해 얼음의 구조를 결정할 수 있다. 물의 구조의 경우에도 역시 산소 원자의 위치와 수소 원자의 방향이 문제가 된다. 다만 이 경우에 물분자는 얼음 속 물분자보다 10만 배나 맹렬하게 운동하고 있으므로, 시간의 인자도 들어가 있다. 3장 이하에서 물의 구조를 언급할 때는 항상 이런 것들을 염두에 두어야 한다.

여기서 열량과 온도의 구별을 밝히는 근거가 된 잠열(潛熱)에 대해서 언급해 두겠다. 증류수를 깨끗한 그릇에 담아 천천히 냉각하면 −30℃ 정도라도 얼지 않는다〔이 상태를 과냉각(過冷覺)이라고 한다〕. 이 그릇에 약간의 기계적 자극을 주면 거의 순간적으로 얼음이 되고 온도가 0℃로 상승한다. 독일의 파렌하이트는 1978년에 이 현상을 발견했다. 이때 온도가 상승하는 것은 액체에서 고체로 바뀔 때 방출하는 잠열 때문이다. 이들 실험을 바탕으로 1760년대에 블랙은 온도와 열량의 구별을 분명히 했다. 이에 의해서 열역학(熱力學)의 첫걸음이 시작되었다.

위에서 물은 액체의 대표가 아니라는 말을 했는데 이 개념은 액체론이 발전한 뒤에 생겨난 것이며 비교적 최근의 견해다. 18세기에 물은 참된 뜻에서의 대표적인 액체였다. 물이 기체, 액체, 고체의 세 가지 상태 변화를 한다는 것은 항상 볼 수 있는 현상이었다. 따라서 물질의 상태 변화를 기술하는 열역학의 첫걸음이 물에 의해서 이루어졌다는 것은 바로 역사적 필연성이라고 할 수 있다.

**유리 상태의 물**

유리 속의 분자 배열을 관찰하면 결정과는 달리 분자가 규칙적으로 배열해 있지 않고, 무질서하게 늘어서 있다. 이처럼 일반적으로 분자가 무질서하게 늘어섰고, 그 배열에 규칙성이 없는 고체 상태를 유리(Glass) 상태라고 부른다. 물도 유리 상태를 이룬다는 것이 밝혀졌다. 유리 상태의 물은 초저온 속에 수증기를 뿜어댈 때 생긴다. 확실히 유리 상태의 물이라고 증명하기는 매우 어렵다. 이 상태는 불안정해서 온도를 높이면 얼음 결정이 된다.

유리 상태인 물이 X선 회절을 분석한 결과 그 속의 분자 배열이 액체인 물과 흡사하다는 것을 알았다.

지금 말한 유리 상태의 물은 엄밀한 뜻에서의 유리 상태에 있는 물이다. 그밖에 정의가 애매해서 사람에 따라 다른 뜻으로 쓰이는 유리 상태의 물도 있다. 나중에 다시 한번 언급하겠지만 세포 등을 급격히 냉각하면 세포 안팎에 아주 미세한 얼음의 미결정(微結晶)이 생긴다. 이것을 저온생물학(低溫生物學)의 연구자는 유리 상태의 물이라 부르기도 한다. 이 얼음의 미결정이 정말로 유리 상태에 있느냐는 것은 아직 알아내지 못하고 있다.

**물의 구조**

물의 구조 또한 얼음의 경우와 마찬가지로 X선 회절로 알 수 있다. 연구 결과에 따르면 최근접 분자 수가 얼음에서는 4인데 물의 경우에는 4.4이다. 그리고 최근접 분자 간 거리는 2.9Å로 여기에서 물분자의 반지름인 1.4Å의 값이 얻어진다. 여기서 최근접 분자 수라는 것은(이 개념에 대해서는 이미 최밀충전에서 언급했다) 임의로 선택한 어떤 물분자에 직접 접하고 있는 물분자의 수를 가리킨다. 그다음 얼음이 녹아 물이 되면 밀도가 약 10% 늘어난다. 이런 결과를 바탕으로 물속의 물분자 배열에 대한 여러 모델(이들 모델도 포함해서 물의 구조라고 한다)이 제안되고 있다. 현재도 거의 해마다 새로운 물의 구조 이론이 발표되고 있다. 그중에서 물의 구조 이론의 출발점이 된 것은 버날과 파울러의 모델이다. 이 모델에 대한 흥미로운 에피소드를 이리야 에렌브르그가 쓴 적이 있다.

어느 땐가 버날은 자신의 발견이 어떻게 해서 머리에 떠올랐는지를 내게 말했다. 그것은 30년대에 일이었다. 영국의 학술연구자 대표단이 모스크바에 갔었다. 그들은 중앙비행장에서 출발할 예정이었는데 날씨 때문에 출발이 늦어졌다. 비가 내리고 있었다. 승객 대합실이라곤 따로 없었다. 버날은 처마 밑에 서 있었는데, 여기서 물의 구조에 관한 생각이 머리를 번쩍 스쳐 갔다. 그는 이것을 동행했던 물리학자 파울러에게 털어놓았다. 비행기 안에서 그들은 이것을 친구인 다른 동료들에게 말했다. 동료들은 이야기를 듣고 버날에게 말했다. '착륙하거든 곧 그것을 기록해 두게나…'.

버날과 파울러의 물의 구조에 관한 논문(1933년 발표)은 물의 구조에 대한 본격적인 연구의 출발을 알리는 새벽 종소리였다. 그러나 그 종소리는 너무 일찍 울렸기 때문에 메아리도 없이 들판 저편으로 헛되이 사라졌다. 물의 구조에 관한 연구가 재개된 것은 2차 세계대전이 끝난 뒤였다.

현재까지 연구된 물의 구조는 대강 다음과 같다.

얼음이 녹아 물이 되면 물분자의 열운동은 100만 배쯤 맹렬해진다. 그래서 얼음의 결정 상태에서는 결정의 격자점에 머물러 진동하던 물분자가 그 격자점에서 튀어나와 다른 위치로 이동한다(<그림 8> 참조).

얼음의 결정은 틈 사이가 많으므로 튀어 나간 물분자는 이웃 격자점에 있는 물분자를 밀어내고 그 자리로 옮아가기보다는, 본래 위치했던 격자점 곁에 있는 구멍 속으로 빠져드는 편이 에너지 면에서 수월하다.

물분자 사이에 작용하고 있는 수소결합은 강하고 또 방향성을 가지고 있으므로(<그림 13> 참조), 액체 상태에서는 그 영향에서 완전히 벗어날 수 없다. 따라서 그다지 높지도 않은 온도(60℃ 이하)에서 물의 구조는 얼음의 정사면체 배열을 하는 결정구조(토리지마이트형)가 열운동 때문에 약간 파괴되어, 일부의 빈 구멍을 격자점으로부터 튀어나간 물분자가 차지하고 있는 구조라고 말할 수 있다.

물에서는 얼음 결정의 빈 구멍이 일부 메워져 있으므로 평균해서 최근접 분자 수는 약간 늘어나 4.4가 된다. 그리고 물의 밀도가 얼음보다 크므로 얼음이 되면 부피가 늘어난다는 것도 이해된다. 또 최근접 수가 불과 0.4밖에 늘어나지 않은 데서 얼음 I와 비슷한 배열이 대부분 보존되고 있다고 생각할 수 있다(만약 그렇지 않다면 간단한 액체처럼 최근접 분자 수가 10~12였을 것이다).

얼음에서는 모든 물분자가 수소 결합해 있는데, 물에서는 빈 구멍으로 빠져들어 간 물분자가 수소 결합을 하고 있지 않은 것으로 생각된다(물에서도 모든 물분자가 수소 결합되어 있다고 생각하는 모델도 있지만 이 책에서는 이 입장을 따르지 않는다). 따라서 이 물분자는 격자점에 있으며 수소 결합을 하는 물분자보다 열운동이 더 활발하고, 그러므로 이 물분자는 그 주위의 물분자 배열을 교환한다.

## 물의 구조의 평균 수명

이제 설명한 것처럼 물의 구조 속에는 얼음 I의 구조가 남아 있는데, 시간의 인자에 대해서는 전혀 언급하지 않았다. 여기서 구조의 평균 수명이라는 개념을 말해야겠다(이하 이 책에서 말하는 여러 가지 현상이나 물분자의 행동은 항상 이 개념 위에 있다).

X선 회절에서 얻어지는 물의 구조에 대한 지식, 예를 들면 최근접 분자 수가 4.4라는 결과는 실은 충분히 긴 시간에 걸쳐 관측된 것들의 평균값이다. 실제로 0.4개의 물분자라는 표현은 물리학적으로 별다른 뜻이 없다.

여러 가지 측정으로 물분자의 열운동이 지극히 맹렬한 것임을 알았다. 그래서 격자점을 차지하고 있던 물분자가 다음 순간에는 곁에 있는 빈 구멍으로 빠져들고, 본래의 격자점이 빈 구멍이 된다. 이 순간에 움직인 물분자에 접해 있는 주위의 배위수(配位數)는 3 또는 5가 된다. 그다음 순간에는 빈자리가 된 격자점에 다른 물분자가 들어가는 식으로 연쇄적인 물분자운동이 일어난다. 미시적인 눈으로 본다면 물의 구조는 부단히 변화하고 있으며 유동무상한 상태에 있다. 그리고 어떤 순간에 물의 구조가 보전되고 있는 것은 $10^{-12}$초 정도의 아주 짧은 시간이라는 것을 알았다.

이런 구조는 그릇 속에 들어 있는 물 전체에 균일하게 퍼져 있는 것이 아니라, 어떤 한 물분자를 주목해 보면 이 물분자를 중심으로 기껏 8Å인 반지름의 구 안에 있는 데 불과하다. 이런 구조가 서로 포개

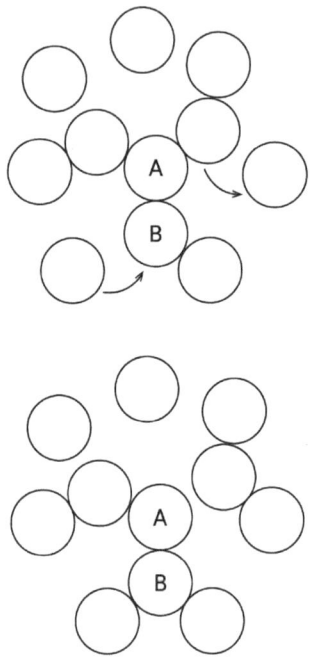

**그림 16** | 물분자 배열의 변화(평면적으로 그려 최근접수는 3개로 되어 있다)

져서 공존하고 있다. 그리고 $10^{-12}$초가 지나면 그동안 보존되었던 물의 구조가 사라지고 다시 같은 구조가 생겨난다. 이때에는 전에 중심이 되었던 A분자가 아닌 B분자가 중심이 되어 그 주위에 구조가 발생한다. 그 상태를 <그림 16>에 보였다.

이와 같은 물의 다이내믹한 구조는 물이 정지해 있든, 흐르는 상태에 있든 본질적으로는 바뀌지 않으며 수소결합이 항상 끊어졌다가 다시 생겼다 하면서 구조의 생성과 소멸이 반복되고 있다. 이와 같은 구조를 분명히 알게 되면 물의 성질을 근본부터 설명할 수 있다.

# 3장

# 수용액의 구조

물분자 사이에는 수소결합 외에 쌍극자의 힘이 작용한다. 물 속에 종류가 다른 분자가 녹아들면 상대에 따라 이들 힘을 적절하게 선택해서 쓰는 수단이 물분자 속에 숨겨져 있다. 따라서 물분자의 환경 변화에 대한 적응 능력은 실로 크다.

한편 물분자의 열운동을 보면 상대하는 분자(또는 이온)에 따라 운동이 빨라지기도 하고 느려지기도 한다. 이것은 물분자와 다른 분자(또는 이온) 사이에 작용하는 분자 간의 힘이 거리와 더불어 작아지기 때문이다. 이런 성질 때문에 상식과는 달리 큰 이온이 작은 이온보다 빨리 움직인다는 결과가 일어난다. 물분자의 운동은 큰 이온 쪽에 있는 것이 맹렬해진다.

물은 틈 사이가 많은 구조로 되어 있으므로 종류가 다른 분자가 물에 녹는 방법은 틈 사이로 들어가는 빈집형과 물분자를 쫓아내고 그 자리를 대신 차지하는 치환형이 있다. 알코올과 같은 분자는 이 두 가지 방식을 동시에 이용해서 용해된다.

## 물질을 녹이는 특수 능력

물은 물질을 녹이는 능력이 큰 액체다. 그리고 어떤 한 가지 물질이 물에 녹으면 다른 물질을 더 잘 녹게 하는 특별한 능력이 생긴다. 예를 들면 이산화탄소는 연소 및 기타 원인으로 공기 속으로 끊임없이 방출되고 있다. 이산화탄소(탄산가스)가 물에 녹으면 물은 산성이 되어 더 많은 물질을 용해하는 능력을 갖추게 된다.

물은 암석과 금속 그리고 유리도 녹인다. 예를 들면 바닷물에는 60종류 이상의 원소가 용해되어 있다. 양은 별도로 생각하고 지구 위에 존재하는 거의 모든 원소(은, 금, 백금 등의 금속과 아르곤 등의 희유기체 등도 포함한다)가 녹아 있다. 그밖에 화학 공장 등에서 배출되는 갖가지 유기화합물도 녹아 있다.

물이 물질을 녹이는 능력이 너무 강력하기 때문에 증류수를 만드는 일이 무척 힘들다. 콜라우슈는 1870년경 가장 순수한 물을 만들기 위해 42회나 진공 증류를 반복했다. 현재는 증류 방법을 쓰지 않더라도 증류수를 만들 수 있다. 2장에서 말했듯이 증류수에는 여러 가지가 있고, 그 조성도 만드는 방법에 따라 달라진다.

1968년부터 1973년까지 약 5년간 전 세계에서 물을 연구하는 과학자들을 흥분시킨, 이른바 이상수(異常水) 사건은, 물이 물질을 용해하는 성질이 얼마나 강한가를 보여줌으로 사람들은 큰 충격을 받았다.

물이 물질을 녹이는 능력은 여러 가지 수단으로 바꿀 수가 있다. 제일 간단한 것은 온도를 바꾸는 일이다. 온도가 높아지면 일반적으로 고체나 액체가 잘 녹게 되는데, 이것은 흔히 경험하는 일이다. 또한 기체는 물의 온도가 낮을 때 잘 녹는다.

염석(鹽析)이나 염용(塩溶)이라고 불리는 현상을 이용해서 용해성을 바꿀 수도 있다. 예를 들면 생물에게 매우 중요한 아미노산은 증류수에 비해 설탕물에 녹기 어렵지만 요소 용액에는 잘 녹는다. 앞의 경우가 염석, 뒤의 경우가 염용이다. 이들 현상은 아마 원시 생명의 발생과도 매우 밀접한 관계가 있을 것이다.

또 사진의 현상액이나 정착액을 만들어본 사람은 경험했겠지만 이들 용액을 만들 때는 온도 이외에 약제를 녹이는 순서가 매우 중요하다. 이것은 물에 녹아 있는 물질에 따라 용해도가 크게 변화하는 예다.

물에는 여러 가지 물질이 녹기 때문에 수용액(水溶液)이라고 해도 그 성질이 가지가지다. 3장에서는 물분자의 거동에 주목하면서 흔히 이용되는 수용액에 대해 상세히 말하겠다.

**증류술과 양조술**

알코올이라면 모든 사람이 곧 술을 연상한다. 그런데 술은 (에틸)알코올의 수용액이지만 그 종류나 제조 방법에 따라 여러 가지 성분이 용해되어 있으므로 술마다 특유한 맛이 난다.

그러나 뭐니 뭐니 해도 술의 가장 중요한 성분은 알코올이며 술병의 상표에는 알코올의 함유량이 도수로 표시된 것이 일반적이다.

지금 몇 가지 술에 대해서 알코올 함량을 살펴보면 <표 5>와 같다.

| | |
|---|---|
| 포도주 | 10~15 |
| 청주 | 16~20 |
| 소주 | 30~45 |
| 소주(한국) | 27~50 |
| 위스키 | 43~52 |
| 브랜디 | 49 |
| 워커 | 50 |

**표 5** | 여러 가지 술에 포함된 알코올(%)

포도주나 정종 같은 양조술은 위스키 따위의 증류술에 비해서 알코올 함량이 낮다. 그 까닭은 알코올 발효를 하는 효모가 알코올의 농도가 높아지면 발효 작용을 잃기 때문이다.

2장에서 블랙(Joseph Black)이 온도와 열량이 차이를 분명히 한 데에 대해서 말했는데, 여기서 블랙이 그와 같은 개념을 정립하게 되었는지 말해 두고 싶다.

블랙은 1756년 글래스고대학 의학부에서 화학을 강의하게 되었다. 그리고 1760년경부터는 열 현상에 관한 연구를 시작했다. 블랙은 그의 스승 카렌과 함께 열에 흥미를 느꼈는데 그 첫째 까닭은 18세기 초기 이래 글래스고에서 산업의 급속한 발달, 특히 증류업의 발달(위스키 제조 등) 때문이었다. 증류업은 액체를 증기로 바꾸고 다시 증기를 액체로 환원하는 것으로 증류공장은 냉각용수가 다량으로, 더구나 값싸게 얻어지는 곳에 세워져야 했다. 따라서 잠열의 문제는 증류업자에게는 명백하게 경험하고 있는 일이었다. 블랙은 이러한 잠열의 과학적 의미를 밝혀냈다. 산업 분야에서 이에 관한 문제를 제기하긴 했지만, 그것을 해결한 곳은 대학이었다. 블랙은 이렇게 말했다고 한다. '어째서 이 더없이 유능하고 총명한 증류업자들이 이 개념의 과학적인 의미를 눈치채지 못했는지 불가사의하다.' 이것은 근대 과학기술사상 흥미 있는 이야기다.

다른 관점에서 본다면 물 대신 포도주를 마시는 유럽에서는 가장 흔한 수용액이 포도주나 위스키 따위의 술이다. 이런 사실이야말로 역사의 전형적인 예이다.

그런데 <표 5>로 되돌아가 보면 흥미로운 사실을 깨닫게 된다. 대개의 술에 있어 알코올의 함량은 10~50%다. 물론 이밖에 맥주(10% 이하)나 진(98% 이상)과 같은 술도 있지만 어쨌든 여러 나라에서 저마다 독특한 방법으로 제조된 술의 알코올 함량은 거의 10~50% 사이다.

이미 신석기 시대의 인류도 술을 알고 있었다고 하며 그 기원은 지극히 오래다. 양조술의 알코올 함량을 96% 정도까지 높일 수 있다. 그런데 지방마다 독립적으로 만든 증류주의 알코올 함량이 50% 전후인 것은 어떤 이유인가?

나는 술을 그리 잘하지 못하고, 그 맛도 잘 모르지만 증류술의 알코올 함량은 40~45%가 좋다고 한다. 그리고 술맛에 있어 극히 중요한 것은 노숙(老熟, 熟成)이라고 한다. 즉 적당한 조건 아래서 술을 보존해 두면 술마다 특유한 맛을 풍긴다.

보존해 두면 어째서 맛이 좋아지는지는 아직 완전히 해명하지 못하고 있다. 알코올 함량이라든가 맛에 대한 수수께끼는 알코올 수용액의 성질을 밝혀보면 어느 정도 풀 수 있으리라고 생각된다.

## 알코올 수용액의 성질

알코올(이하 메탄올이라고 쓰기로 한다)과 물은 임의의 비율로 섞을 수가 있다. 메탄올도 마찬가지로 임의 비율로 물과 혼합되지만, 메탄올은 인간에게 매우 해로운 성분이다.

예를 들면 수 %의 메탄올 수용액을 마시면 실명하고, 더 짙은 것을 마시면 생명을 잃게 된다(메탄올 30cc를 마시면 죽는다). 패전 직후 술에 굶주렸던 일본 사람들이 군부대에서 흘러나온 변성알코올(에탄올에 소량의 메탄올을 섞어 못 먹게 한 것)을 마시고, 실명하거나 죽은 사람이 속출했다.

에탄올의 분자식은 $CH_3CH_2OH$이고 메탄올의 분자식은 $CH_3OH$로서, 메틸렌기($-CH_2$)가 하나 더 많을 뿐인데도 이렇게 생리작용이 달라진다. 또 메틸렌기가 증가해가면 점점 물에 녹기 어려워진다.

에탄올이나 메탄올이 물에 녹기 쉬운 것은 알코올 분자 속에 수산기($-OH$)가 있어 이것이 물분자와 수소결합을 만들기 때문이다<표 3>

참조). 수소결합이 생기면 열을 낸다. 진 따위의 매우 강한 술을 입에 머금었을 때 혀가 타는 것처럼 짜릿하게 느껴지는 것은, 진 속의 알코올이 침 속의 물과 수소결합을 하면서 열을 내기 때문이다.

## 5cc+10cc=14.6cc!?

에탄올 수용액의 성질로서 우선 물과 에탄올을 섞었을 때의 부피를 살펴보기로 하자. 예를 들면 같은 온도에서 그대로 5cc에 물 10cc를 합치면 그 부피는 물론 15cc가 되어야 한다.

그런데 같은 온도에서 물 10cc와 에탄올 5cc를 섞었을 경우 실제로 일어나는 것은 다음 세 가지 중 어느 것일까?

(1) 15cc이다.

(2) 15cc보다 늘어난다.

(3) 15cc보다 적다.

대답은 (3)이다. 섞은 뒤의 부피가 섞기 전의 알코올과 물의 부피의 합보다 줄어든다. 한편, 무게를 달아보면 섞기 전의 물 10cc와 에탄올 5cc의 무게의 합은 섞은 뒤의 에탄올 수용액의 무게와 같다. 그런 상태가 <그림 17>이다. 또 부피 감소 비율은 추가되는 알코올의 양, 더 정확하게는 용액의 농도에 따라 달라진다. 그리고 가장 큰 감소는 알코올 농도가 18%인 때에 일어난다. 또 물에 다른 물질을 녹였을 때 (1)

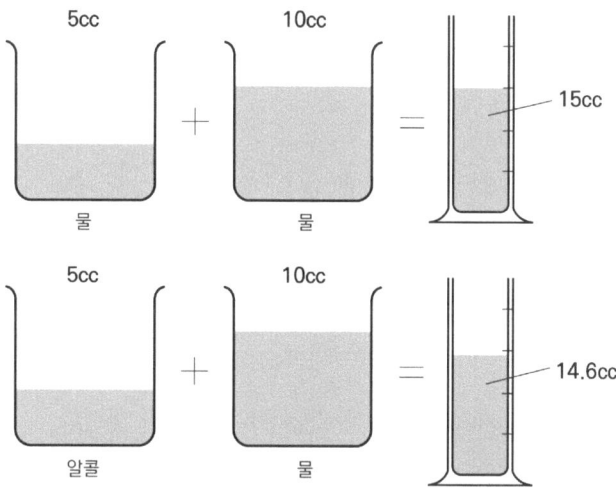

**그림 17** | 25℃의 물에 에탄올을 혼합했을 때의 체적 변화

은 일어나지 않는다.

그런데 사라져버린 부피는 어디로 갔을까? 이에 관해서 생각해 보기로 하자.

일반적으로 두 가지 액체를 섞어 부피가 감소할 때 이들 액체의 분자 사이에 강한 힘이 작용하고 있는 것으로 생각된다.

자주 언급했듯이 물과 에탄올 사이에는 에탄올 분자의 —OH(수산기)와 물분자 사이에 수소결합이 일어나 서로 끌어당긴다. 그러므로 물과 에탄올은 잘 혼합되지만, 이 수소결합만으로는 부피 감소를 잘 설명할 수 없다.

에탄올은 수산기 외에 에틸기($C_2H_5$, 때에 따라서는 $CH_3 \cdot CH_2$로도 쓸 수 있다)를 가지고 있다. 사실상 이 부분은 탄산수소라 불리는 한 무리의 화합물이다.

탄화수소는 휘발유나 벤젠, 또는 톨루엔과 같은, 이른바 기름의 일종이다. 물과 기름의 비유처럼 물과 기름은 예부터 혼합될 수 없다는 대표적인 뜻이었다. 탄화수소와 물의 작용에 대해서는 뒤에서 더 자세하게 설명하겠지만, 어쨌든 에탄올의 일부분인 에틸기는 물에 녹기 어려운 성질을 가지고 있다는 것을 이해하게 될 것이다.

에틸기에 수소 원자 1개가 붙은 에탄(기체)은 물에 극히 조금밖에 녹지 않는다. 또 가솔린과 물을 시험관에 넣고 격렬하게 흔들면 물과 가솔린은 작은 알맹이가 되어 액 전체가 약간 희끄무레하게 흐려져 보이지만, 흔들기를 멈추면 곧 두 층으로 갈려져 가솔린이 물 위에 뜨게 된다. 그런데 물과 알코올의 경우에는 결코 이런 일이 일어나지 않고 겉보기로는 한결같이 투명해 보인다. 그러면 이 에틸기는 어떻게 해서 물속으로 끼어드는 것일까.

**치환형과 빈집형**

에탄올 수용액의 성질을 연구한 결과 이 용액의 구조에 대한 다음과 같은 모델을 생각할 수 있다.

2장에서 말했듯이 물은 틈 사이가 많은 액체이다. 이 틈 사이를 빈 구멍이라고 부르기로 하자. 이 빈 구멍은 크기가 일정한 것이 아니다.

물분자 사이의 수소결합은 항상 끊어졌다 생성됐다 하며, 더구나 물분자가 격렬하게 물속을 돌아다니고 있으므로 이 빈 구멍의 상태와 크기는 항상 변화하고 있다. 그의 직경은 평균 약 5Å이다.

에탄올 분자 속의 에틸렌기는 물과 융합하기 어려우므로 물리화학자들은 소수기(疎水基)라고 부른다. 이 소수기는 물분자와 수소결합을 만들 수 없어서, 물의 빈 구멍 속으로 끼어들어 가는 것이 가장 자연스러운 방법이다. 즉 이런 상태가 제일 안정된 것이다. 그리고 수산기(이것은 물과 융합하기 쉬우므로 친수기(親水基)라고 부른다)는 빈 구멍 주위에 있는 물분자와 바꿔 놓인다. 그 상태가 <그림 18>이다.

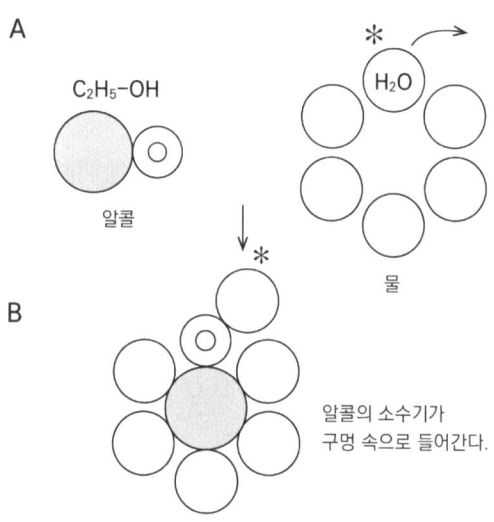

**그림 18** | 알코올 분자를 녹이는 법

이 그림은 어떤 물질이 물에 녹을 때 가장 중요한 두 가지 방식을 나타낸 것이다. 수산기처럼 물과 융합하기 쉬운 기는, 물에 녹으면 물분자와 서로 바꿔 들어가 물분자가 차지했던 장소로 끼어들 수 있다.

어떤 순간에 어떤 물분자(중심 분자라고 부르기도 한다) 주위에는 4개 내지 5개의 물분자밖에 존재하지 않으며, 더구나 이들 물분자는 중심 분자를 중심으로 정사면체의 꼭짓점 자리에 있으므로 물분자의 상대적 위치는 정해져 있다. 그리고 물분자 주위에는 비어 있는 자리(빈 구멍)의 비율이 높은데, 그런데도 수산기는 물분자와 교대해 들어가서 그 장소를 차지하는 것이다(이런 용해 방법을 치환형(置換型)이라고 부르기로 한다). 바꿔 말하면 수산기는 물분자와 수산기를 구별할 수 없다. 일반적으로 수산기 이외의 친수기도 이런 방법으로 용해한다.

한편, 소수기는 물분자와 교대할 수 없고, 빈 구멍 속으로 들어간다(이런 용해 방법을 빈집형이라 부르기로 한다).

알코올뿐 아니라 물에 녹는 물질(녹기 쉬우냐 어떠냐는 따로 하고)은 이 두 가지 중 한 가지 방법으로 물에 녹는다.

다시 '5cc+10cc=14.6cc!?'에 나온 알코올이 물에 녹을 때의 부피 감소 문제로 되돌아가기로 하자.

<그림 18>을 다시 한번 잘 보아주기를 바란다. A는 에탄올과 물을 섞기 이전의 상태를 보여주고 있다. 물 부피의 중심 부위를 생각할 경우, 이것은 물분자 자체의 부피와 그 주위에 있는 빈 구멍의 부피로서 이루어진다. 알코올도 마찬가지이지만 빈 구멍의 비율은 물에 비해

훨씬 작다는 것을 알고 있다.

B를 보면 에틸기 부분이 물의 빈 구멍 속에 들어가 있다. 즉 섞기 전에는 $C_2H_5OH$의 부피를 가졌던 것이 섞은 뒤에는 ―OH 몫의 부피밖에 효과가 없다. 즉 에틸기 몫의 부피는 사라진 듯이 보인다. 에탄올과 물을 섞었을 때 부피 감소의 가장 중요한 원인은 바로 여기에 있다.

이제 말한 치환형과 빈집형이라는 두 가지 용해 방식은 물에 대한 알코올의 양이 비교적 적은 경우이고 알코올의 양이 증가할 경우는 달라진다. 즉 알코올을 자꾸 더해가면 알코올 분자 쪽에 물분자뿐 아니라 알코올 분자도 나타나게 된다. 이런 농도에서는 용해 방법이 <그림 18>과는 다르다. 그 상세한 것은 아직 분명하지 않다.

앞에서 말한 대로 알코올 농도가 18%인 때, 부피 변화가 가장 크다. 따라서 이 농도 이상으로 알코올이 녹으면 용해 방법의 방식이 바뀐다. 또 이 농도는 <표 5>의 양조술의 최고 알코올 농도와 거의 같다는 것을 지적해 둔다.

**알코올 수용액 속 분자활동의 용이성**

지금까지 설명해 온 것은 주로 물분자와 알코올 분자의 배열 방법이었다. 이것은 말하자면 알코올 용액을 정적인 관점에서 본 모델이다. 그래서 동적인 관점, 즉 분자운동의 면에서 알코올 수용액을 관찰하기로 한다.

상온의 물속에서 물분자는 $10^{-12}$초 정도라는 상상도 못 할 만한 속

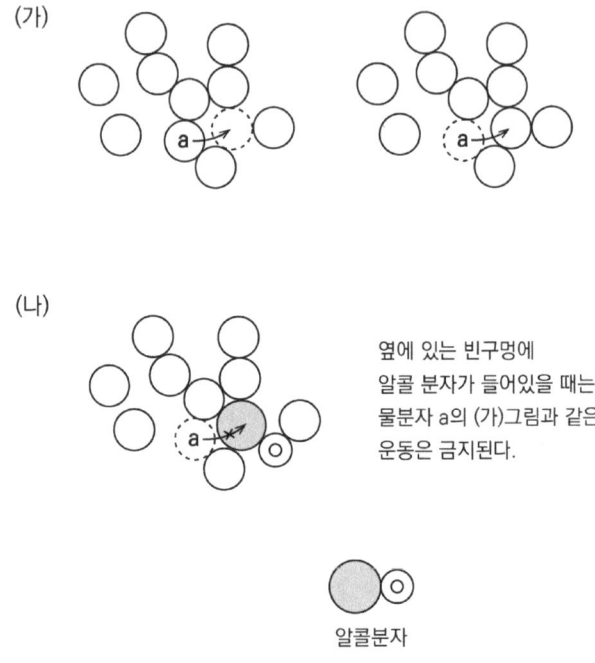

**그림 19** | 알코올 수용액 속 분자의 역운동 열운동

도로 무질서한 방향으로 돌아다니거나 회전운동을 하므로 그 열운동에는 어떤 방향성이 없다. 이런 물속에다 알코올을 녹이면 어떤 상태가 발생할까.

<그림 19>의 (가)는 증류수의 경우다. 맹렬한 열운동 때문에 분자 사이의 수로결합이 끊겨서 자유로이 움직이게 된 물분자 a는 곧 이웃에 있는 빈 구멍 속으로 뛰어 들어간다. 그 순간 뛰어든 물분자 a는 이

웃 물분자와 수소결합을 만든다.

알코올 분자의 소수기(에틸기)는 빈 구멍 속으로 들어가고, 수산기는 어떤 물분자와 대치해서 주위 물분자와 수소 결합한다. 따라서 수소결합이 끊어져서 자유로워진 물분자 곁에 알코올 분자가 있을 때는 뛰어들어갈 수 있는 빈 구멍의 수가 적어지게 된다. 또 알코올 분자가 용액 속을 이동할 때는 마찬가지로 빈 구멍을 통해서 장소를 바꾼다.

알코올 분자도 물분자와 더불어 맹렬한 열운동을 하고 있어 잠시도 멈춰 있지 않지만, 이웃으로 옮아가기 편리한 빈 구멍이 생길 때까지 진동하면서 그 위치에 머물러 있다. 즉 빈 구멍이 메워지면 그곳에 머무는 시간이 길어진다. 이 머무는 시간을 기준으로, 앞으로는 항상 같은 온도하에 있는 증류수 속 물분자의 머무는 시간을 취한다. 이 머무는 시간은 2장에서 말한 것처럼 $10^{-12}$초 정도다.

여기에다 한 가지 또 중요한 효과가 첨가된다. 뒤에서 말하겠지만, 소수기 주위의 물분자의 열운동이 느려진다(이것을 소수성수화(疏水性水和)라 부른다).

이와 같은 두 가지 작용 때문에 알코올 수용액 속에서는 알코올 분자와 물분자의 열운동이 저마다 순수한 상태에 비해서 느려진다. 이상의 설명에서는 물분자의 운동에 주로 주목해 왔으므로, 알코올 분자의 열운동이 느려진다는 것은 좀 이해하기 어려울지 모른다.

이것은 다음과 같이 생각하면 된다. 물분자가 움직이기 어려워지면, 알코올 분자가 이동하기 위한 빈 구멍도 생기기 어렵게 된다. 알코올 분자는 물분자의 열운동을 방해하고 반대로 그 물분자는 알코올 분자의 열운동을 제한한다.

그러나 이 제한 정도가 반드시 같은 것은 아니다. 설명을 알기 쉽게 하려고 언급하지 않았지만, 양쪽 분자의 크기의 차이나 모양이 큰 영향을 미친다.

분자운동 또한 부피 변화의 경우와 마찬가지로 알코올 농도에 따라 변화한다. 그 상태는 여러 가지 방법으로 알 수 있는데, 한 예로 <그림 20>에 알코올의 자기확산계수(自己擴散係數)의 예를 들어둔다.

자기확산계수는 분자의 속도 자체는 아니지만 여기서는 분자의

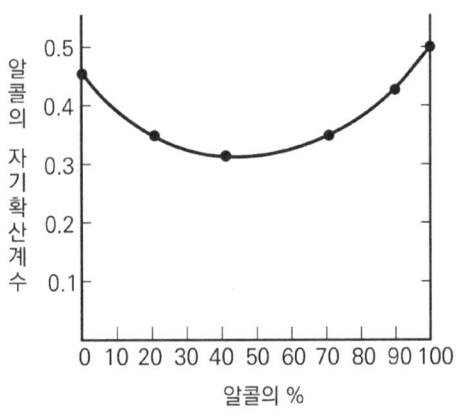

세로축의 값은 증류수의 자기확산 계수에 대한 비

**그림 20** | 알코올 수용액 속 알코올의 자기확산계수

(병진)운동에 대응한다고 생각하고 이야기를 진행하겠다.

<그림 20>에서 가로축은 알코올 농도(%로 표시한 것), 세로축은 알코올의 자기확산계수가 제일 작다. 즉 이 농도에서 알코올 분자의 열운동이 제일 느리다. 또 이 농도를 분자 수로 나타내면 대체로 알코올 분자 1에 대해 물분자 4의 비율이 된다.

기타 방법으로도 알코올 용액 속의 알코올 분자운동(병진이나 회전)은 알코올 농도가 증가함에 따라 차츰 느려지고 50% 전후에서 제일 느려진다는 것을 알았다.

즉 약 18%의 농도에서 물속의 빈 구멍이 대부분 메워지고, 알코올 분자와 물분자의 작용은 한층 긴밀해지며, 50%에서 분자운동이 제일 느려진다. 다시 말해서 머무는 시간이 길다는 뜻이며, 이 상태에서 제일 안정된 구조로 되어 있다고 할 수 있다. 그리고 이 구조는 알코올 분자를 4개의 물분자가 둘러싼 듯한 배열로 유지되고 있다. 그 이상 알코올 농도를 늘리면 이번에는 알코올 분자 사이의 작용도 끼어들어 안정 배열이 흐트러진다.

이렇게 해서 <표 5>의 증류술 알코올(%)에서, 알코올 용액의 구조가 제일 안정된 범위에 있다는 것을 알았다. 술의 노숙에 대한 원인은 아직 잘 알지 못하지만, 아마 이 용액 구조의 안전성과 깊은 관계가 있을 것이다.

합성주라는 것은 순알코올에 물과 향료 따위를 적당히 섞어 만든 것인데, 그것만으로는 술 같은 맛이 나지 않은 모양이다. 그래서 초음파 처리가 있다. 초음파를 걸면 알코올과 물이 잘 섞인다. 즉 숙성을 단시간에 하는 셈이다. 그렇게 본다면 노숙(숙성) 시간은 용액 구조의 안정성과 밀접한 관계가 있다고 하겠다.

**설탕과 물의 유사성**

알코올과 마찬가지로 수소결합에 의한 작용으로, 우리 생활에 있어 매우 중요한 것은 설탕과 물의 상호작용이다.

설탕, 포도당, 과당 등 일반적으로 당이라 불리는 한 무리의 물질은 분자 내에 몇몇 수산기를 가지고 있다(그리고 모든 당이 단 것은 아니다. 쓴 것도 있고 거의 맛이 없는 것도 있다).

<그림 21>은 몇몇 당의 구조들이다. 이들 당은 어떤 것은 생물의 몸속에서 중요한 활동을 하고 있다. 예를 들면 포도당은 생체 속에서 산화에 의해 분해되어 살아가기 위한 에너지를 제공한다.

<그림 21>의 당의 분자식은 모두 $C_6H_{12}O_6$인데, 그 구조의 차이는 탄소 원자에 붙어 있는 —OH의 방향뿐이다. 이런 당들을 6단당(六單糖)이라고 한다. 6단당의 생리작용 차이의 한 예로서 마노스, 갈락토스, 포도당의 적혈구막에 대한 투과도 실험이 있다. 투과도 속도는 마노스, 갈락토스, 포도당 순서로 느려진다.

그런데 여기서 2장 <그림 15>의 아래쪽 그림을 보자. <그림 21>의 당의 구조식과 이 그림을 비교해 보면 흥미로운 사실을 알게 된다.

D-글리코스(포도당)

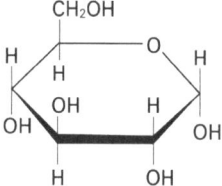

D-갈락토우스

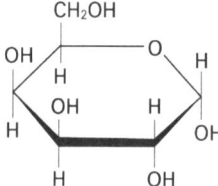

D-만노스

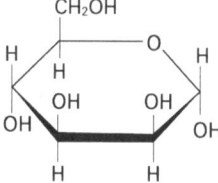

**그림 21** | 당의 구조

 즉 물의 구조를 위에서 보면 물의 산소 원자가 지그재그 육각형으로 늘어섰고, 이 모양은 당의 육각형 구조와 흡사하다. 이 둘을 겹쳐보면 어떻게 될까?

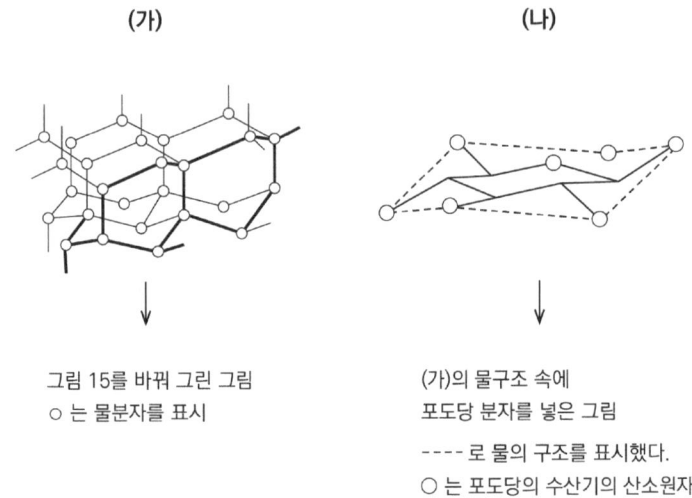

**그림 22** | 포도당이 물에 녹는 상태

    포도당을 겹쳐보면 <그림 22>처럼 되어, 포도당의 각 탄소 원자에 붙어 있는 수산기의 산소 원자 위치가 물의 산소 원자 위치와 꼭 알맞게 일치한다. 그런데 당의 종류에 따라서는 ㅡOH의 산소 원자가 위로 튀어나온 듯한 모양을 취하고 있다. 이때에는 당의 O와 물의 구조 O는 겹치지 않는다.

    2장에서 말했듯이 OH⋯O와 같은 수소결합은 이 3개의 원자가 일직선 위에 배열된 것이 제일 강하며, 직선에서 벗어나는 정도가 커질수록 약해져서 결국은 수소결합이 불가능하게 된다(<그림 13> 참조).

    따라서 포도당의 경우 모든 수산기가 물분자와 안정된 수소결합을 만들 수 있다. 바꿔 말하면 포도당 주위 물분자의 열운동은 당과의 상호작용 때문에 느려지고 있다. 수산기가 튀어나와 있어 물분자와 수소결합을 만들기 어려울 듯한 당 주위의 물분자는 물속의 배열이 흐트러지기 때문에 움직이기 쉬워진다.

위에서 말한 적혈구막에 대한 투과 속도 순서는 주위 물분자의 운동을 억제하는 순서로 되어 있다. 이렇게 해서 당 구조와 물 구조의 유사성은 당의 생리작용과 매우 깊은 관계가 있다는 것을 알게 되었다.

**전해질 수용액**

수용액으로서 또 하나 꼭 들어두어야 할 것은 소금과 같은 전해질(電解質) 수용액이다. 소금을 물에 녹이면 (+)전기를 가진 소듐이온($Na^+$)과 (-)전기를 가진 염소이온($Cl^-$)으로 나뉜다(이것을 해리(解離)라고 한다).

이온은 생물체 내에도 존재한다. 동식물에 포함되는 주된 카티온 (+전기를 가진 이온, 양이온이라고도 한다)은 수소이온($H^+$), 소듐이온, 포타슘이온($K^+$), 기타 소량의 칼슘이온($Ca^{2+}$), 마그네슘이온($Ma^{2+}$) 등이 있다. 또 아니온(-전기를 가진 이온, 음이온이라고도 한다)으로는 염소이온 ($Cl^-$), 중탄산이온($HCO_3^-$) 그리고 소량의 황산이온($SO_4^{2-}$) 및 인산이온 ($HPO_4^{2-}$)을 들 수 있다.

지금까지 말해왔듯이 알코올이나 당, 물분자가 작용할 때 주된 힘은 수소결합이었다. 이온과 작용하는 경우에는 물분자의 또 한 측면인 쌍극자로서의 작용이 크게 나타나게 된다.

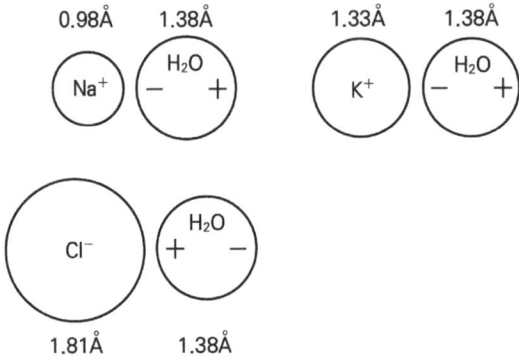

**그림 23** | 양이온과 음이온 옆 물분자의 방향

 

쌍극자는 작은 자침과 비슷한 성질을 가지고 있다. 예를 들면 센 막대자석의 N극에 자침을 접근시키면, 자침의 S극이 막대자석의 N극을 향해 정지할 것이다. 지금 막대자석의 N극 대신 소듐이온을, 자침 대신에 물분자를 생각한다면, 물분자는 소듐이온 쪽인 S극에 해당하는 부분을 향할 것이다.

즉 물분자는 작은 막대 양 끝에 (+)전기와 (−)전기를 가진 쌍극자로서의 성질을 나타내기 때문에, 소듐이온 곁에서는 (−)전기 쪽이, 염소이온 곁에서는 (+)전기 쪽이 접근한다. <그림 23>에 소듐이온, 포타슘이온 및 염소이온 곁의 물분자 방향을 나타냈다. 다만 그림에서는 물분자를 막대 모양이 아닌 원(圓)으로 그렸다. 이렇게 하는 편이 실제에 가깝다.

## 이온과 물분자 사이의 힘

1장에서 분자운동은 분자 사이에 작용하는 힘으로 영향을 받는다는 것을 설명했다. 이온 주위의 물분자 상태도 마찬가지로 이온과 물분자 사이의 힘에 의해 결정된다.

이 경우 힘은 이온이 가지고 있는 전기와 물분자의 양전기 또는 음전기 사이의 힘인 쿨롱 힘이다. 이 쿨롱 힘은 다른 부호의 전기 사이에서는 서로 흡인하고, 같은 부호의 전기 사이에서는 서로 반발해서 그 세기는 전하 거리의 제곱에 반비례한다.

<그림 23>의 소듐이온이나 염소이온은 1단위의 전기량을 가지고 있다. 또 칼슘이온이나 마그네슘이온은 2단위의 전기를 가지고 있다. 보통 단위량을 나타내는 데는 가(價)라는 말을 쓴다. 이 표현에 따르면 소듐이온이나 염소이온을 1가의 이온이고, 칼슘이온은 2가의 이온이다. 그리고 쿨롱 힘은 이 가수(價數)에 비례한다.

따라서 이온과 물분자 사이의 쿨롱 힘은 물분자가 이온에 접근할수록, 또 이온의 가수가 클수록 세진다. 이제부터는 이온과 물분자의 쿨롱 힘을 비교하기 위해 물분자가 이온에 접한 상태를 생각해 보기로 한다.

그렇게 하면 이 경우에는 이온과 물분자 사이의 거리가 이온의 반지름과 물분자 반지름의 합이 된다. 결국 쿨롱 힘은 이온이 적고, 가수가 클수록 세진다. 이 관계는 매우 중요한 법칙으로, 이온과 물분자 사이의 상호작용은 주로 이 법칙으로 설명할 수 있다.

<그림 23>의 이온이나 물분자는 실제 반지름에 비례하게 그려져 있다. 따라서 그림에서 어느 이온과 물분자 사이의 힘이 제일 강한가를 곧 이해할 수 있을 것이다.

여기서 이온과 물분자 사이의 쿨롱 힘은 대체 얼마만 한 크기인가를 알기 위해서, 포타슘이온과 물분자 사이의 힘과 물분자와 물분자 사이의 전기적인 힘(더 정확하게는 쌍극자와 쌍극자 간의 힘)을 비교해 보자. 여기서 포타슘이온을 선택한 것은 이 이온이 물분자와 거의 같은 크기를 가지고 있기 때문이다. 계산 결과에 따르면 포타슘이온과 물분자 사이의 힘은 물분자와 물분자 사이의 힘보다 4배 정도 크다.

### 이온 주위의 물분자 배열

이온과 접해 있는 물분자의 상태를 결정하는 중요한 요인의 하나는 몇 개의 물분자가 이온과 접해 있는지를 나타내는 양으로서, 보통 수화수(水和數) 또는 배위수(配位數)라 부른다.

이 배위수는 물이나 얼음의 구조를 나타낼 때 사용하는 최근접수에 상당하는 것이다. 같은 크기의 구형 입자일 경우에는 12개까지 근접할 수 있다.

이 배위수는 이온의 종류나 측정 방법에 따라서도 달라진다. 그러나 무기(無機)의 단원자(團原子) 이온에 한정한다면 배위수는 4 또는 6이다. 그 몇 가지 예를 <그림 24>에 보였다.

소듐이온의 경우를 살펴보자. 그림으로 알 수 있듯이 그 배위수는

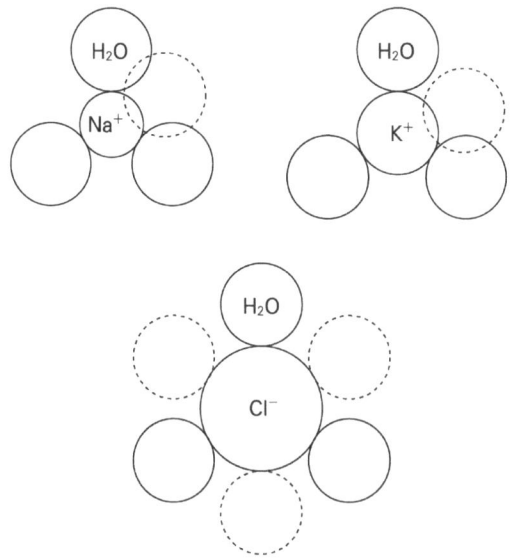

**그림 24** | 이온 둘레의 물분자 배열

4다. 얼음이나 물에서는 최근접 수가 각각 4 및 4.4였다. 여기에서 소듐이온이 물속으로 끼어들어 갈 때의 상태를 다음과 같이 생각할 수 있다. 소듐이온은 물분자와 꼭 바꿔 놓이는 방법으로 물속에 끼어든다. 즉 치환형이다. 염소이온의 배위수는 6이다. 아마 빈집형 용해 방법일 것이다.

<그림 23>의 경우는 이온과 1개 물분자의 관계를 보여주고 있다. <그림 24>처럼 4개 또는 6개의 물분자가 주위에 있을 때도, 중심 이온의 전하 부호에 따라서 물분자는 양극 또는 음극을 이온 쪽으로 돌려

배열한다.

그런데 <그림 23>에서는 생각하지 않았던 새로운 사태가 발생한다. 이온에 접해 있는 물분자는 이온이 녹기 전에는 다른 물분자의 수소결합에 의해 결합해 있었다. 그러므로 <그림 24>와 같은 배열을 하기 위해서는 물분자가 이온의 반대쪽에 있는 다른 물분자와의 결합을 끊고 회전해야 한다. 이온과 물분자 간의 쿨롱 힘은 포타슘이온의 예에서 보았듯이 그 주위의 물분자를 회전시키기에 충분한 크기다.

물속의 수소결합은 물분자의 맹렬한 열운동에 의해 항상 끊어졌다가 재생됐다가 하고 있다. 따라서 이 열운동은 이온 주위의 물분자 회전을 도와줄 것이다. 그런데 이 물분자의 열운동은 이온 주위의 배열을 교란하는 작용도 한다.

그러면 이온 주위의 물분자 배열은 실제로 어떻게 되어 있을까. 이 문제에 대답하기 위해서는 물분자와 물분자의 작용 및 이온과 물분자 작용의 앞뒤 양면에서 물분자의 열운동을 봐야 한다.

**정수화와 부수화**

지금 어떤 순간에 <그림 25>의 (가)처럼 물분자를 1가의 카티온(이하 M이온이라고 부른다)으로 바꿔 놓았다고 하자. M이온의 반지름은 물분자의 반지름보다 작다.

예를 들면 $Li^+$이온 정도의 크기라고 하자. 그러면 이 M이온과 물분자 사이의 쿨롱 힘은 물분자-물분자 사이의 수소결합보다 강하므로,

물분자는 회전해서 이온 쪽으로 음극을 돌린다.

　물분자끼리의 정사면체 배치는 $10^{-12}$초 정도밖에 계속되지 않는다. 이 때문에 예를 들면 첫 번째와 네 번째의 물분자는 수소결합이 끊어진 순간 빙그르르 회전하고, 두 번째와 세 번째 물분자는 다른 물분자와의 수소결합이 끊어지기 전에 이온 사이의 강한 힘 때문에 위치가 고정되었다고 생각해도 된다.

　M이온 주위의 물분자도 열운동을 하고 있지만, 이온 쪽으로 세게 끌어당겨지고 있으므로 그 운동 정도는 순물(증류수) 속 물분자의 열운동에 비해서 느리다. 물분자의 열운동에는 회전(물분자의 중심 위치는 바뀌지 않는다)과 병진(물분자가 다른 장소로 이동한다)의 두 가지 운동이 있는데, 모두 운동이 느려진다(그 느려지는 비율은 이온과 물분자 간의 힘에 따라 결정된다).

　그래서 4개의 물분자가 M이온 주위에 머무는 동안은 음극을 이온 쪽으로 돌리고 있다. 따라서 이 상태는 증류수와 다르지만, M이온 주위에는 어떤 구조가 형성된다고 할 수 있다. 이런 이온의 구조를 만드는 또는 정수화(正水和)하는 이온이라고 부른다.

　다음 양이온의 반지름을 차츰 크게 해가면 쿨롱 힘은 분자 간 거리(이 경우에는 이온 반지름과 물분자 반지름의 합)에 반비례하므로 차츰 힘이 약해진다. 그래서 어느 이온-물분자 사이의 힘과 물분자-물분자 사이의 힘의 크기가 같아진다. 이와 같은 이온을 C이온이라고 부르기로 하고, C이온 주위 물분자의 배치는 <그림 25>의 (나)와 같다.

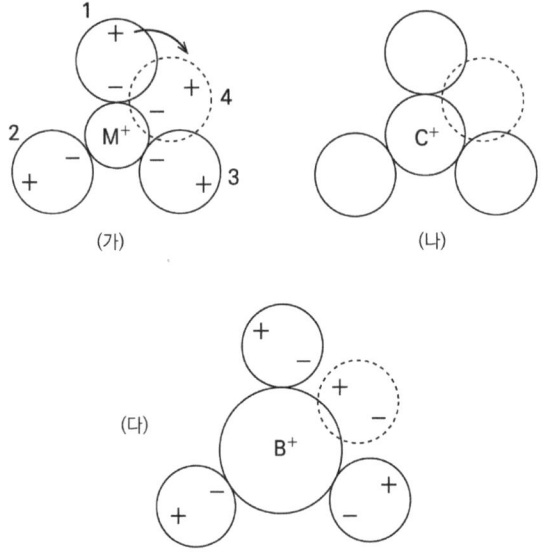

B⁺ 이온 주위의 물분자가 가장 움직이기 쉽다

**그림 25** | 이온 둘레의 물분자 상태

 

이 경우 같은 작용을 하므로 이들 분자 간 운동 상태는 증류수 속의 그것과 같다. 이런 뜻에서 C이온은 물의 구조에 영향을 주지 않는다고 볼 수 있다.

또 이온 반지름을 늘리면 이번에는 이온-물분자 사이의 힘이 물분자-물분자 사이의 힘보다 약해진다. 이와 같은 이온을 B이온이라 부르기로 한다.

B이온에 접근해 있는 물분자는 반대쪽에서 다른 물분자와 수소결

합을 하고 있다. 그리고 어느 순간에 이 수소결합이 끊어져서 자유 회전을 할 수 있게 되면, B이온 쪽으로 음극을 돌려서 위치를 잡는다. 그러나 다음 순간 이 물분자 가까이 있는 다른 물분자가 뛰어와서 수소결합을 만들기 쉬운 위치로 들어가면, B이온은 이 물분자와 수소결합을 만든다.

결과적으로 B이온 주위의 물분자의 회전운동은 증류수 속에서보다 맹렬해진다.

또 B이온에서 떨어져 나가 다른 곳으로 이동하기 쉬워진다. 즉 B이온에 근접한 위치에서 머무는 시간이 짧아진다. 이 상태를 <그림 25>의 (다)에서 볼 수 있다.

그래서 B이온을 물의 구조를 파괴하는, 또는 부수화(負水和)를 하는 이온이라고 부른다.

예를 들면 $Na^+$이온은 정수화를, $K^+$이온은 부수화를 하는 이온이다. 이 두 이온은 모두 알칼리 금속이온인데 물에 대한 작용은 정반대다. <그림 25> (나)의 C이온은 실존하지 않는다. 알칼리 금속이온으로 말하면 C이온에 대응하는 반지름을 가진 이온은 바로 $Na^+$이온과 $K^+$이온의 중간에 있는 것이 된다.

$Na^+$이온도 $K^+$이온도 생물에게 있어서 지극히 중요한 양이온인데, 혈액이나 기타 세포외액 속에는 $Na^+$이온이 매우 많고, 반대로 $K^+$이온은 세포내액에 다량으로 존재한다는 식으로 그 생리적인 역할도 완벽히 반대다.

| 이온 | $\tau_i/\tau_0$ |
|---|---|
| $Li^+$ | 1.9 |
| $Na^+$ | 1.3 |
| $K^+$ | 0.71 |
| $Rb^+$ | 0.60 |
| $NH_4^+$ | 0.69 |
| $Cl^-$ | 0.84 |
| $Br^-$ | 0.78 |

**표 6** | 정(+)수화(水和)를 하고 있는 이온과 부(-)수화를 하고 있는 이온

<표 6>에 정수화 또는 부수화를 하는 실존하는 이온의 예를 들었다.

정수화 또는 부수화를 결정하기 위한 여러 방법이 있는데, <표 5>에 $\tau_i/\tau_0$의 값을 들었다. $\tau_i$은 이온에 근접해 있는 물분자의 머무는 시간이고 $\tau_0$는 증류수 속 물분자가 머무는 시간이다. 따라서 이 비가 1보다 크면 정수화, 1보다 작으면 부수화를 하는 것이 된다.

알코올이나 설탕의 경우, 이 비의 값은 1보다 크다.

**이온의 열운동**

물분자와 마찬가지로 이온도 열운동을 하고 있다. 이온과 물분자의 상호작용은 이제 살펴온 것처럼 물분자의 열운동에 큰 영향을 준다. 또 이온 주위 물분자의 열운동은 반대로 이온의 열운동에 영향을 준다.

이온의 속도는 이온 반지름과 물의 점도(粘度)에 반비례한다(이것을 스토크스의 법칙이라고 한다). 여기서 점도라는 것은 액체가 흐르기 쉬운 정도를 나타내는 양으로, 끈적끈적해서 흐르기 어려운 액체일수록 점도가 크다. 예를 들면 중유는 물에 비해서 점도가 훨씬 크다.

이온의 이동 속도를 측정하면 스토크스의 법칙에 따라 물속의 이온 반지름을 계산할 수 있다. 다만 이 경우에 물의 점도로 대개 증류수의 점도를 사용한다. 이렇게 해서 구한 이온 반지름을 스토크스 반지름이라 하여 $r_s$로 나타낸다.

또 이온의 크기를 나타내는 양으로 결정반지름($r_c$로 표기)을 사용하는 것이 가장 일반적이다. 결정반지름은 말하자면 알몸 이온의 크기다.

<표 7>에 1가의 양이온과 음이온의 스토크스 반지름과 결정반지름을 들었다. <표 7>을 보면 결정반지름이 늘면 스토크스 반지름은 감소하고 있다. 그리고 리튬이온과 소듐이온을 제외하고는 스토크스 반지름이 결정반지름보다 작다. 즉 $K^+$, $Rb^+$, $Cl^-$, $Br^-$이온은 물속의 반지름이 알몸 크기보다 작다. 이것은 대체 어떻게 된 일일까. 물속에서

| 이온 | $Li^+$ | $Na^+$ | $K^+$ | $Rb^+$ | $Cl^-$ | $Br^-$ |
|---|---|---|---|---|---|---|
| $r_s$(Å) | 2.38 | 1.84 | 1.25 | 1.18 | 1.21 | 1.18 |
| $r_c$(Å) | 0.60 | 0.95 | 1.33 | 1.48 | 1.81 | 1.95 |

표 7 | 이온과 스토크스 반지름($r_s$)과 결정반지름($r_c$)

이들 이온이 수축하는 것일까. 이에 대한 정답은 이온 주위 물분자의 열운동 상태에서 얻어진다.

<표 6>에서 알 수 있듯이 <표 7>에 든 이온 중 $Li^+$와 $Na^+$이온만이 정수화를 하고, 나머지 이온은 부수화를 하고 있다.

부수화를 하고 있는 이온 주위의 물분자는 증류수 속에서보다 움직이기 쉬운 상태에 있다. 그런데 이온이 물속을 이동할 때는 물을 제쳐놓고 이동한다. 그러므로 물분자가 움직이기 쉬운 상태에 있으면 이온이 움직일 때의 저항은 그만큼 작아진다. 즉 실제보다 점도가 낮은 물속을 이동하고 있는 것이 된다. 스토크스 반지름은 증류수의 점도를 사용해서 계산한 값이므로, 부수화를 하는 스토크스 반지름은 결정반지름보다 작게 된다.

또 정수화하고 있는 이온 주위의 물분자는 움직이기 힘들다. 따라서 물을 제쳐 놓고 진행할 때에 큰 저항을 받는다. 그것은 마치 이온이 몇 개의 물분자를 거느리고 이동하고 있는 것처럼 보인다. 스토크스 반지름이 결정반지름보다 큰 것은 이 때문이다.

<표 7>에서는 부수화를 하는 이온을 많이 들었는데 실제는 정수화하고 있는 이온의 수가 훨씬 많다.

# 4장 계면(界面)과 물

물과 융합할 수 없는 물질(소수성)이 물에 녹으면 그 주위를 물분자가 둘러싸서 일종의 가마 비슷한 모양을 형성한다. 이런 상태의 물분자는 불안정해서 되도록 소수성 물질을 외계로 몰아내려고 한다. 거기서 소수성 분자는 물속에서 서로 집합해 물분자와의 타협을 꾀한다.

우리 주위의 여러 곳에 계면(界面)이 있다. 따라서 계면에 의해서 일어나는 두 가지 현상을 생각해 보자. 하나는 계면을 통한 물의 이동이다. 수용액을 계면에서 두 부분으로 가르면(농도가 다른 것으로 한다) 물분자는 계면을 통해 왔다갔다하지만, 자유로운 물분자가 많은 쪽에서 적은 쪽으로 물이 이동한다.

다음 계면과 접해 있는 물은 물분자끼리의 유대가 한층 강해져서 특별한 구조를 갖게 된다. 이것은 물의 특별한 집단으로서 배타적이며, 다른 분자를 쉽게 받아들이지 않고 온도 변화에 대해서도 강한 저항성을 보인다.

생물은 세포의 집합체이다. 그리고 세포는 세포막으로 감싸여 있고 그 바깥쪽에 세포외액, 안쪽에는 세포질이 있는데, 그 성분의 대부분은 물이다. 세포막과 물이 접해 있는 곳이 계면이고, 이 계면을 통해서 물이나 이온 등이 이동한다.

컵에 담은 물을 생각해 보자. 3면에서 물은 유리 면과 접해 있고, 상부는 공기와 접해 있다. 그리고 유리의 계면을 통해서는 물이나 공기의 이동이 없지만, 물과 공기의 계면을 통해서는 물질의 이동이 있다. 즉 물속으로 공기가 녹거나 혹은 물이 공기 속으로 증발한다.

지금 말한 몇 가지 예에서 보았듯이 유리-물, 공기-물, 세포막-물 등 여러 가지 계면이 있다. 또 기름-물과 같은 계면도 있다. 이처럼 우리 주위 여러 곳에서 계면을 볼 수 있다. 이들 계면을 만들고 있는 물(공기-물), 혹은 계면과 접해 있는 물(유리-물)의 상태는 3장에서 말한 수용액 속의 물의 상태와는 다르다. 그리고 이들 계면의 물의 성질은 생물, 더 일반적으로 말해 자연에서 대단히 중요한 작용을 하고 있다.

**표면장력**

액체의 표면 성질을 보기 위해서 액체 표면과 내부에 있는 분자에 작용하는 힘을 생각해 보자. 그 상태가 <그림 26>이다. 분자는 맹렬한 열운동을 하고 있으며 액체 내를 늘 돌아다니고 있는데 <그림 26>은 그 한순간의 힘의 균형을 보여주고 있다.

액체 내부의 분자는 이웃해 있는 분자에 의해 전후좌우와 상하

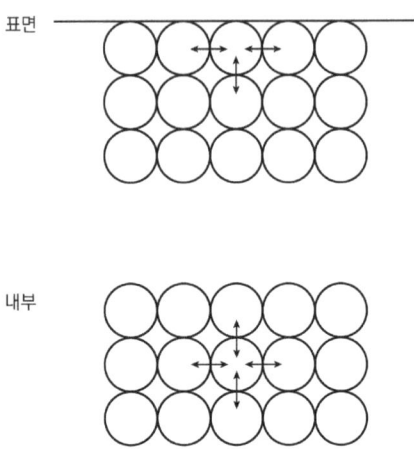

**그림 26** | 표면에 있는 분자와 내부에 있는 분자에 작용하는 힘

방향으로 끌어당겨지고 있는데, 액체 표면의 분자는 전후좌우와 아래쪽으로 끌어당겨지고 있을 뿐이다. 즉 표면 분자에는 상하 방향의 힘의 균형이 없고 하향 힘이 여분으로 작용하고 있다. 그 때문에 표면에 있는 분자는 액체 내부로 끌어당겨진다. 그리고 그 이상 표면 분자가 액체 내로 끼어들 수 없는 상태에서 액체 표면이 만들어지고 있다. 바꿔 말하면 액체의 표면적은 되도록 작아지려는 경향을 가지고 있다.

부피가 일정한 경우 표면적이 제일 작은 형태는 구(球)이므로 빗방울이나 작은 물방울은 구형이다. 또 잎사귀 위의 아침이슬이 둥근 것은 흔히 볼 수 있다.

이렇게 표면적을 작게 하려는 경향을 나타내는 양을 표면장력(表面張力)이라고 한다. 이 값이 큰 액체일수록 표면적을 작게 하려는 힘이 크다.

벤젠이나 핵산과 같은 탄화수소를 비롯한 대부분의 액체의 표면장력은 20~30dyn(다인)/cm인데 물은 73dyn/cm로 그 표면장력이 매우 크다.

**세제의 작용**

비누, 일반적으로 계면활성제(界面活性劑) 또는 세제(洗劑)라고 불리는 물질은 일상생활에서나 공업용으로 대량 사용되고 있다. 이 세제의 특징은 기름의 성질을 가진 부분(소수기)과 물에 융합하는 부분(친수기)으로 이루어져 있다. 이들 기(基)의 성질에 대해서는 알코올 용액을 설명할 때 간단히 말했다.

알코올의 소수기($-C_2H_5$)는 짧으므로 물의 빈 구멍 속으로 알맞게 끼어들 수 있었다. 세제 분자도 알코올 분자와 마찬가지로 소수기의 한 끝에 친수기가 붙어 있다. 하지만 그 소수기는 알코올에 비해 훨씬 길고 물속에 끼어들기 위해서는 많은 에너지가 필요하다. 따라서 세제 분자가 낱낱이 흩어져서 물속으로 들어갈 수 있는 비율은 알코올에 비해 매우 작다.

그래서 물에 세제를 풀면 소수기는 물에서 튕겨 나온다. <그림 27>처럼 소수기를 물 표면으로 밀어내고 친수기가 물속에 있는 배열이

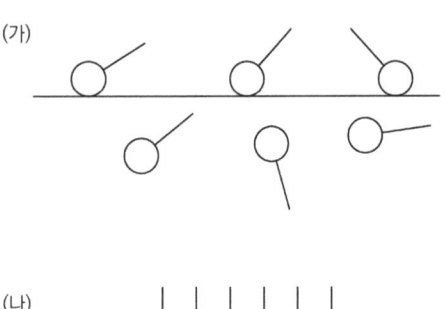

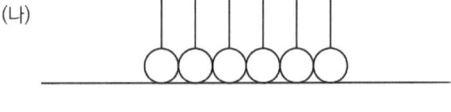

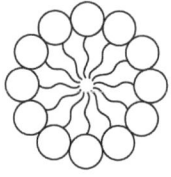

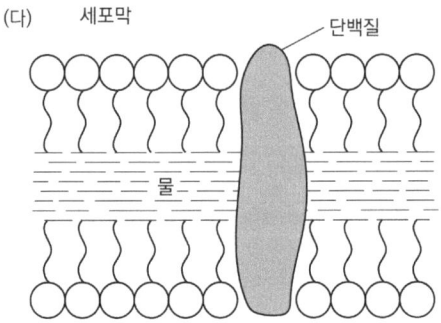

**그림 27** | 수면에 있어서 세제 분자의 배열

된다. 세제 농도가 낮은 동안 세제 분자는 수면 위에 가로누워 있지만 농도가 짙어짐에 따라 차츰 일어선다. 동시에 용액 속에서는 세제 분자가 몇 개 모여서 친수기를 바깥쪽으로 돌리고 소수기는 안쪽으로 모여 물과 접하지 않은 것 같은 집합체(이것을 미셀이라고 부른다)를 만든다. 그림에서는 친수기를 O표로 나타냈다.

<그림 27>의 (나)를 보면 수면이 마치 기름에 덮인 것과 같다. 기름은 물에 비해서 표면장력이 작으므로 세제는 마치 물의 표면장력을 내려놓은 것 같은 작용을 하고 있는 것이 된다.

또 세제 미셀의 내부는 기름과 같은 상태이므로 이 속에 다른 기름을 용해할 수 있다. 예를 들면 휘발유와 물을 섞어서 흔들어도 휘발유는 거의 물에 녹지 않는데, 이것에 소량의 세제를 첨가해 흔들면 휘발유가 미셀 속에서 녹기 때문에 겉보기로는 휘발유가 물에 녹은 듯이 보인다. 이것이 세제가 때를 씻어내는 원리다.

세포막의 주성분은 인지질(燐脂質)이라는 물질이다. 이것은 소수기 한끝에 인산기가 붙어 있는 화합물로서 세제와 흡사한 성질을 가지고 있다. 세포막의 구조는 <그림 27>의 (다)와 같다. 세제가 수면에 늘어선 구조와 같다는 것이 이해될 것이다.

이제 말한 것처럼 세제는 수면으로 퍼지는 성질을 가지고 있다. <그림 27>의 (나)처럼 수면 위에 세제 분자가 한 줄로 늘어선 상태를 단분자층(單分子層) 또는 단분자막이라고 한다.

수면을 세제의 단분자막으로 덮어버리면 물이 증발하기 위해서는 이 세제 분자를 밀쳐내고 물분자가 공기 속으로 뛰어나가야 한다. 보통 온도에서는 세제의 증발을 고려하지 않아도 된다. 결국 증발 속도는 세제막의 밀도에 좌우된다. 틈 사이가 없도록 단분자막으로 덮어 주면 증발을 거의 완전히 막을 수 있다.

열대나 건조 지대의 호수나 저수지에서는 유효하게 사용되는 물의 양보다 증발로 없어지는 물의 양이 훨씬 많다. 그래서 실제로 스테아릴알코올이라든지 세틸알코올의 단분자막을 만들어 물의 증발을 막고 있다. 이때 세제량이 너무 많아서 막이 두꺼워지면, 공기 속의 산소가 물에 녹는 것을 방해하게 된다. 그러나 단분자막이라면 산소의 용해량이 기껏 80%로 감소하는 데 지나지 않으며, 이런 정도라면 호수에 서식하는 생물에게는 거의 영향을 끼치지 않는다.

**모세관 현상**

젖은 찻잔이나 손을 닦을 때 헝겊이나 수건을 사용한다. 이것은 천이 물을 잘 흡수하는 성질을 이용한 것이다. 왜 물을 잘 흡수할까.

이런 용도에 사용하는 천은 보통 무명이다. 무명은 포도당이 결합해서 된 셀룰로스라는 고분자 화합물로 되어 있다. 따라서 물과 결합하기 쉬운 성질을 가지고 있다. 그리고 천은 가느다란 섬유를 꼬아 모은 실로 짜여 있으므로 틈 사이가 많다.

예를 들면 수건 따위를 드리워놓고 아래쪽을 물에 담가두면 물이 스며들어 점점 위로 올라가는 것을 볼 수 있다. 이처럼 미세한 틈 사

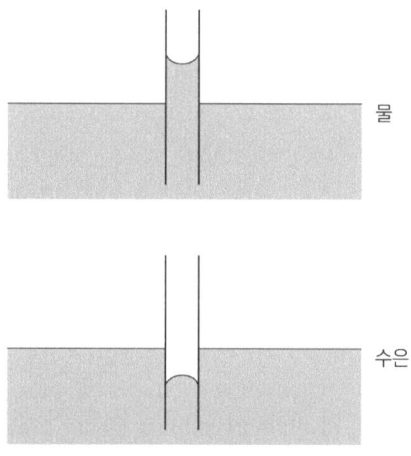

**그림 28** | 모세관 현상

이로 물이 끼어들어가 올라가는 현상을 모세관 현상이라고 한다. 액체가 모세관 또는 틈 사이를 타고 상승하는 높이는 모세관의 지름이 작을수록, 또 액체의 표면장력이 클수록 높다. 물은 표면장력이 크기 때문에 알코올 따위의 액체보다도 높이 올라간다.

헝겊이나 수건이 물을 흡수하는 작용은 모세관 현상에 의한 것이다. 물이 모세관을 타고 올라가기 위해서는 모세관의 안벽이 물에 젖을 필요가 있다. 예를 들면 유리는 수은에 젖지 않기 때문에 수은 속에 가느다란 관을 넣으면 수은은 유리관 속으로 올라가지 않고 액면이 도리어 내려간다(<그림 28> 참조). 이것도 모세관 현상이다.

유리관 내부에 기름을 발라두면 물은 수은의 경우처럼 유리관을 올라가지 않게 된다. 물새의 깃털은 기름으로 덮여 있으므로 그 틈 사이로 물이 들어가지 않는다. 깃털 틈 사이는 공기로 채워져 있어서 물새가 물에 뜰 수 있다.

세제는 기름을 물에 녹이는 작용을 하고 있다. 세제를 넣은 물에 물새를 넣는다면 어떻게 될까. 세제의 기름과 융합되는 부분이 물새 날개의 기름을 감싸고 날개는 물에 융합되는 부분으로 덮이게 된다. 그 때문에 물은 깃털 속으로 스며들어 가고 깃털의 틈 사이를 채우고 있던 공기가 내쫓긴다. 따라서 물새는 뜰 수가 없게 된다. 즉 물새가 물에 빠진다. 가드너의 작품 중 '물에 빠져 죽은 집오리'라는 추리소설이 있다. 이것은 세제를 넣은 연못에서 집오리를 빠져 죽게 한다는 것이 중요한 속임수의 하나다.

## 물과 기름 이야기

'물과 기름 사이'라는 말은 결코 섞일 수 없다는 비유로 쓰인다. 그러면 어째서 물과 기름은 섞이지 않을까. 그리고 정말로 기름은 물에 녹지 않는 것일까.

알코올 수용액을 설명하면서도 언급했지만, 유기물이 물에 녹기 위해서는 친수기를 가지고 있어야 한다. 지금까지 친수기의 보기를 몇 가지 들었는데, <표 3>에 보인 것과 같은 물분자와 수소결합을 만들 수 있는 기〔극성기(極盛期)라고 한다〕 외에, 카복실기($-COO^-$)와 같이 전하를 가지고 있는 기〔해리기(解離基)〕도 친수기다.

이들 기와 물분자 사이에는 강한 인력이 작용하기 때문에 친수기를 가지고 있는 분자는 물속으로 끼어들 수가 있다. 물에 융합되지 않는 물질의 대표적인 것으로 탄화수소를 알아보자. 이것은 탄소와 수소만으로 이루어져 있고 극성기도 해리기도 가지고 있지 않다. 그리고 수소 원자가 탄소 원자에 결합해 있어 물분자와 수소결합을 할 능력이 없다.

물에 분자가 녹을 경우 때 치환형과 빈집형 두 가지 방식이 있었다. 탄화수소가 물에 녹는 것은 이 두 가지 방식 중 빈집형에 의한 것이다.

물속의 빈 구멍은 약 5Å의 지름이므로 이 정도 크기의 분자가 꼭 빈 구멍에 적합하다. 실제로 분자의 크기와 물에 대한 용해성 관계를 보면, 둥글고 5Å에 가까운 크기의 분자를 가진 물질의 용해성이 크다. 이와 관련해서 흥미로운 일은, 알코올의 일종인 노말-부탄올(n-부탄올)과 터셔리-부탄올(t-부탄올)의 용해성이다. 두 알코올의 분자량은 같지만, 분자의 모양은 아주 다르다. 즉 n-부탄올은 막대 모양이고 t-부탄올은 구형에 가깝다. 그래서 t-부탄올은 에탄올이나 메탄올과 마찬가지로 임의의 비율로 물에 녹지만, n-부탄올은 아주 조금밖에 물에 녹지 않는다.

탄화수소는 물과 수소결합을 하지 않으므로 물에 녹더라도 아무 작용도 하지 못하는 것일까. 예를 들면 이온의 경우 물분자의 방향이 뒤집히거나 물분자의 열운동을 빠르게 하거나 느리게 하거나 했다. 물분자에 대한 탄화수소의 작용은 이온이나 극성기의 작용과는 전혀 다르다.

단백질이라든지 세포막의 주성분인 지방질 따위의 분자를 보면, 여러 가지 탄화수소가 포함되어 있어 이들 소수기는 빼놓을 수 없는 중요한 요소다. 그렇게 본다면 물과 탄화수소의 상호작용은 생물에게도 중요한 것임이 틀림없다.

**엔트로피의 감소**

위에서 말했듯이 메테인이나 에탄 등은 탄화수소는 적지만 물에 녹는다. 이들 탄화수소가 물에 녹을 때에는 수 kcal의 열이 발생한다. 알코올이 물에 녹을 때라든지 물이 얼 때처럼, 수소결합이 될 때도 열이 발생한다. 그런데 탄화수소와 물은 수소결합이 이루어지지 않는다.

그렇다면 탄화수소를 물에 녹일 때 그 발열은 어떤 원인에 의한 것일까. 플랑크와 에반스가 자세히 연구한 바로는 탄화수소가 물에 녹으면 그 주위 물의 엔트로피가 감소하는 것이 발열의 원인이었다. 그래서 탄화수소 주위의 물 상태에 관해서 설명하기 전에 먼저 엔트로피에 대해 알아보자.

엔트로피라는 것은 분자가 난잡하게 배열된 정도를 나타내는 양이다. 이것으로는 추상적이어서 알기 어려우므로 몇 가지 예를 들어 엔트로피의 개념을 설명하겠다.

<그림 29>의 (가)에서는 결정과 결정이 녹아 액체가 된 상태를 나타내고 있다. 결정에서는 분자가 규칙적으로 늘어섰는데 액체에서는

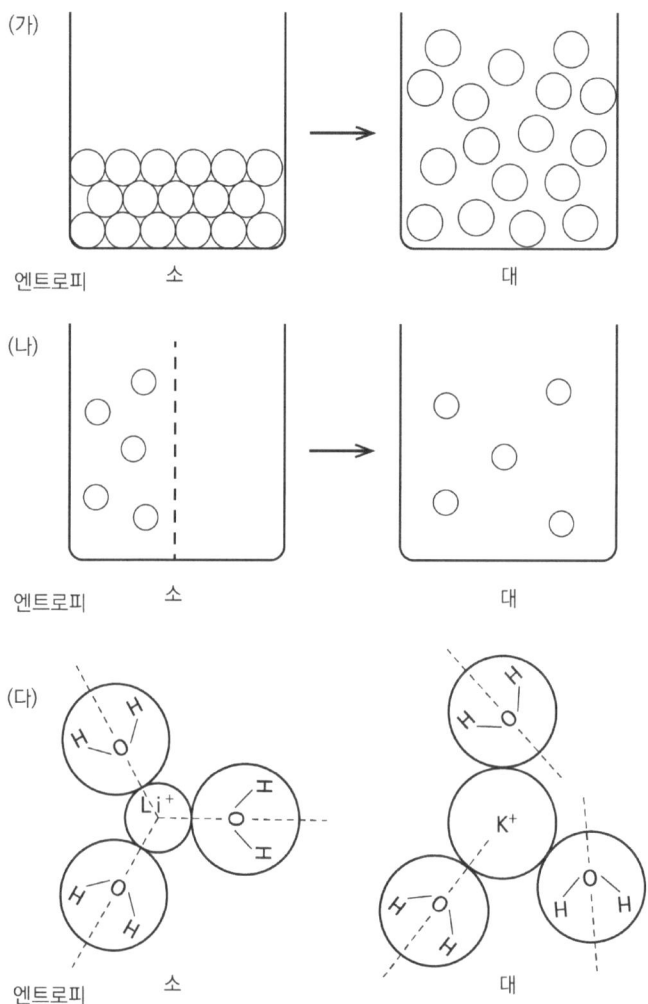

**그림 29** | 엔트로피와 분자 배열의 관계

분자운동이 맹렬하므로 분자가 난잡하게 늘어서 있다. 그래서 액체의 경우 엔트로피가 크다.

<그림 29>의 (나)에서는 같은 분자 수의 기체(물론 분자의 종류도 같다고 한다)를 크기가 다른 그릇에 넣었을 경우를 보여주고 있다. 작은 그릇에 넣은 기계는 큰 쪽에 비해 압축된 상태에 있다. 큰 그릇에 들어 있는 기체 분자는 운동 범위가 크기 때문에 엔트로피도 이쪽이 크다. 이것은 좀 이해하기 어려울지 모르지만 이렇게 생각하면 된다.

그릇을 차츰차츰 작게 해서 마지막에는 분자가 운동할 공간이 거의 없는 상태까지 가져갔다고 하면(피스톤을 사용해서 압축했다고 생각한다) 마치 <그림 29>의 (가)의 결정과 비슷한 상태가 된다. 즉 분자의 운동 공간이 작다는 것은 그만큼 분자의 자유도가 작다는 것을 뜻한다. 즉 난잡한 정도가 적고 엔트로피가 작다.

<그림 29>의 (다)는 리튬이온($Li^+$)과 포타슘이온($K^+$) 주위의 물분자의 운동을 강하게 속박하고 있으므로, 물분자의 (-)극(산소 원자)은 모두 이온 쪽을 향해 있다. 그런데 $K^+$이온은 주위의 물분자가 운동하기 쉬운 상태에 있으므로 그림에 보인 것처럼 물분자의 배열이 난잡하다. 따라서 $K^+$이온 주위 물분자의 엔트로피가 크다.

이렇게 해서 엔트로피를 알게 되면 반대로 그 값에서 분자 배열에 대한 지식을 얻을 수 있다. 1장에서 분자의 상태는 배열과 열운동의 세기 두 가지 양에 따라 결정된다고 말했다. 이런 뜻에서 엔트로피는 매우 중요한 물리량이라는 것이 이해될 것이다.

그리고 엔트로피에 관한 주제로 논의할 때 일반적으로 그 절댓값이 아니라 두 가지 상태의 엔트로피 차이가 문제다. 예를 들면 <그림 29>의 (다)에서는 $Li^+$이온 주위의 물분자 엔트로피는 증류수 속 물의 엔트로피에 비해서 작다.

또 어떤 반응이 일어날 때 그 반응은 엔트로피가 증가하는 방향으로 진행한다.

**소수성 수화**

탄화수소를 물에 녹일 때 엔트로피가 감소한다는 것은 좀 더 정확하게 말하면 탄화수소 분자 주위 물의 엔트로피가 증류수 속 물의 엔트로피에 비해 작다는 것이다.

따라서 탄화수소 분자 주위의 물분자 배열은 증류수 내부에 비해 질서가 있다는 것을 가리키고 있다. 물분자가 어떤 식으로 늘어서 있는지는 유감스럽지만, 아직 분명하지 않다. 말할 수 있는 것은 증류수 내부보다 어느 정도 규칙적으로 늘어섰다는 것뿐이다. 이것만으로도 매우 중요한 일이다.

이 개념을 처음 제안한 플랑크와 에반스는 소수성 분자 주위에 빙산이 만들어져 있다는 비유적인 표현을 썼다. 그런데 이것이 문제를 혼란하게 만들어 버렸다.

어떤 사람은 빙산 → 얼음 → 물의 결정이라는 식으로 사고를 비약해, 소수성 분자가 물에 녹으면 분자 주위에 얼음의 극히 작은 결정이 만들어진다고 생각했다. 더구나 이런 오해를 그럴듯하게 생각할 만한 사실이 있다(뒤에서 말할 '기체 수화물' 참조).

지금 아무 증거도 제시하지 않고 오해라는 말을 썼다. 물속에 얼음의 미세 결정이 존재한다는 개념은 옳은 것일까.

2장에서 물과 얼음의 차이를 분자의 열운동과 배열이라는 두 가지 관점에서 말했다. 거기서 소수성 분자 주위의 열운동을 살펴보면 고작 절반 정도쯤 느려진 데 불과하다. 얼음에서는 10만 분의 1이나 느려져 분자의 열운동에 질적인 차이가 있었다.

이렇게 해서 소수성 분자 주위에 얼음의 미세 결정이 만들어져 있다는 생각은 오류라는 것을 알 수 있다. 그리고 소수성 분자 주위 물분자의 이런 상태를 나타내는 데에 '소수성 수화'라는 말을 사용하고 있다.

**소수성 상호작용**

이상에서 설명했듯이 자연의 변화는 전체 엔트로피가 증가하는 방향으로 진행한다. 만약 탄화수소를 적당한 방법으로, 충분히 다량으로 녹일 수만 있다면 엔트로피의 감소도 커진다. 이런 상태는 불안정해서 바람직하지 않다.

탄화수소가 몇 개 집합한 상태를 생각하자. <그림 30>과 같이 탄화수소 분자가 집합하면 그 접촉면에 있던 물분자는 거기에서 떨어져 나간다. 결과적으로 탄화수소 분자가 몇 개 모여서 한 덩어리가 되는 편이 소수 면이 적은 상태가 된다.

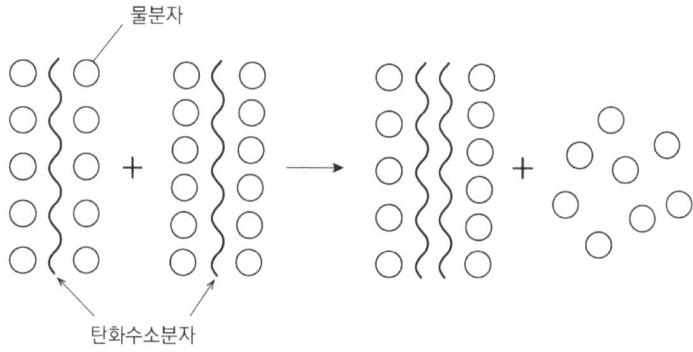

**그림 30** | 소수성 상호작용

    소수 면에서 떨어져 나간 물분자는 어떻게 될까. 이들 물분자는 서로 집합해서 증류수와 같은 상태가 된다. 탄화수소에 접하고 있는 물분자보다 증류수 쪽이 엔트로피가 크기 때문에, 결국 탄화수소 분자가 낱낱이 난잡하게 흩어져서 물속에 녹아 있는 것보다는 몇 개로 집합한 편이 엔트로피 측면에서는 편리하다. 즉 이쪽이 안정된 상태다.

    이미 말한 것처럼 세제는 어느 농도 이상이 되면 탄화수소 부문이 물에 접하지 않을 만한 미셀을 만든다(<그림 27> 참조). 이쪽이 엔트로피 측면에서 유리한 것이다.

    단백질은 생체 반응에 직접 관계가 있는 중요한 생체 고분자인데, 그 특별한 기능을 발휘하기 위해서는 일정한 입체구조를 유지하고 있어야 한다. 단백질에는 탄화수소기〔측쇄(側鎖)라고 부르고 있다〕가 많이 포함되어 있다. 그리고 이 측쇄 사이의 소수성 상호작용이 입체구조를 유지하는 데 중요한 역할을 하고 있다.

## 20℃에서 어는 가스

천연가스의 수송관은 20℃ 정도의 온도에서도 얼음이 생기기 때문에 막혀버리는 수가 있다. 어째서 20℃라는 비교적 높은 온도에서 어는 것일까. 이것은 보통 얼음이 아니라 기체 수화물의 결정이기 때문이다.

대부분의 무기염류(無機鹽類)도 결정 수화물을 만드는 것으로 알려져 있다. 예를 들면 염화마그네슘은 $MgCl_2 \cdot H_2O$, $MgCl_2 \cdot 2H_2O$, $MgCl_2 \cdot 4H_2O$, $MgCl_2 \cdot 6H_2O$와 같은 결정 수화물을 만든다. 일반적으로 이들 결정 수화물 속에 포함되는 물분자의 수는 적다. 그리고 물분자와 결정 내의 이온 사이에는 강한 인력이 작용하고 있다. 그런데 기체 수화물은 소금의 결정 수화물과는 달라서, 일반적으로 결정에 포함되는 물분자의 수가 많고 더구나 기체와 물분자 간에는 극히 미약한 인력밖에 작용하지 않는다.

어떤 기체를 물에 녹여서 온도를 내리면 그 기체를 포함한 채로 결정이 만들어진다는 것은 오래전부터 알려져 있었다. 예를 들면 패러데이는 1823년 염소가스를 물에 녹여 10℃ 정도까지 냉각할 때 $Cl_2 \cdot 10H_2O$라는 조성의 결정 수화물이 만들어진다는 것을 발견하였다. 그 후 연구가 진보해서 아르곤(Ar), 크렙톤(Kr), 제논(Xe) 같은 불활성(不活性) 기체, 혹은 메테인 같은 탄화수소와 기타 소수성 기체가 결정 수화

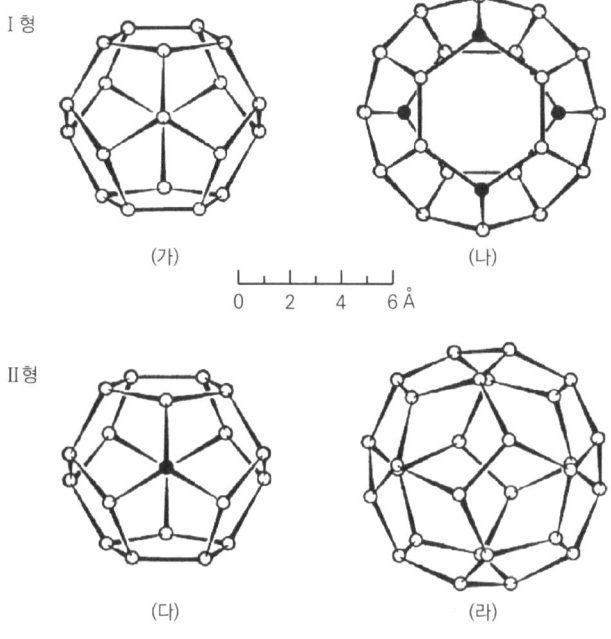

**그림 31** | 기체 수화물의 결정

물을 만든다는 것을 발견했다. 기체에 따라서는 온도를 내리고 수 기압으로 압축하지 않으면 기체 수화물이 만들어지지 않는 것도 있다.

이상하게도 이들 기체와 물분자 사이에는 극히 약한 판데르발스 힘만이 작용하고 있다. 예를 들면 알코올처럼 친수기를 가지고 있으면 이와 같은 수화물을 만들지 않는다. 알코올의 수산기 대신 수소 원자로 바꿔놓은 에탄은 수화물을 만든다. 즉 기체 수화물을 만들려고 할 때 친수기처럼 물과 강하게 상호작용을 하는 기(基)는 방해물이다.

이들 기체 수화물의 결정구조는 1950년대에 폰 슈타켈베르크에 의해 밝혀졌다. 그 결과에 따르면 두 종류의 결정격자가 존재한다. I형은 결정의 단위세포 크기가 12Å, II형은 17Å이다. I형의 격자(格子)는 46개의 물분자를 포함하고, II형 격자는 136개의 물분자를 포함하고 있다.

기체 분자가 들어 있는 구멍은 I형에서는 12~14면의 벽을 가지며, II형에서는 12~16면의 벽을 가지고 있다. 이들 면은 정오각형 또는 정육각형이다.

물분자로 조립된 격자 속에 들어 있는 기체 분자(게스트 분자라고 부른다)는 구멍 속을 자유로이 돌아다니고 있다. 결정형이 I형이냐 II형이냐는 것은 게스트 분자의 크기만으로 결정된다. 게스트 분자는 누가 말했듯이 새장 속의 새와 같은 것이다. 새장은 수소결합으로 결합한 물분자에 의해 조립되어 있다.

소수성 기체는 물과의 상호작용이 약하기 때문에 이렇게도 많은 물분자를 붙잡아서 그 운동을 멈추게 한다. 소수성 기체가 물에 녹을 때 엔트로피가 감소한다는 것은 위에서 말했다. 거기서 소수성 기체 주위의 물분자 배열은 아직도 잘 모른다고 했는데, 수용액에서도 이 기체 수화물의 결정구조와 비슷한 배열을 취하고 있다는 모델을 주장하는 사람들이 있다. 그러나 이것은 물분자의 배열에 대해서만 말하고 있는 것이고 머무는 시간은 다른 문제다.

**틈 사이의 물**

두 장의 유리판을 물속에서 밀착시켰을 때, 유리 면에 평행한 방향으로 판을 움직이기는 쉬워도, 판을 떼어내려면 상당히 큰 힘이 필요하다. 데르야긴은 이 힘을 분리압(分離壓)이라고 명명했다(이 두 장의 판은 굳이 유리여야 할 필요는 없으며 판단하기만 하면 재질은 무엇이든 좋다).

이 틈 사이의 물은 보통 그릇에 넣은 증류수와는 상당히 다른 성질을 가지고 있다. 예를 들면 증류수보다 증발하기 어렵고 점도가 크다. 이런 성질들은 유리판 사이의 거리에 따라 바뀌며 충분히 사이를 띄워두면 보통 물과 같아진다. 따라서 물의 성질이 달라지는 것은 좁은

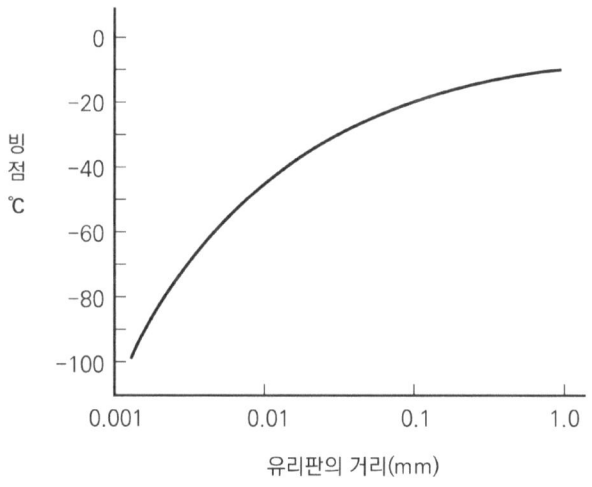

**그림 32** | 유리판의 거리와 빙점의 관계

틈 사이에 들어가 있기 때문이다. 이 틈 사이의 물은 얼기 어렵다. 루돌프 드리치(Rudolf Dittrich)은 유리판의 거리를 변경시키면서 어는점(빙점)을 측정하고, <그림 32>와 같은 결과를 얻었다(드리치의 결과를 약간 고쳐 그려 놓았다). 판의 간격이 좁아짐에 따라 어는점은 차츰 내려가서 0.001mm 간격에서는 -100℃ 정도에서도 얼지 않는다.

물의 어는점은 물질이 녹아들어 가 있으면 내려간다. 예를 들면 100g의 물에 설탕 36g을 녹여 넣으면 빙점은 -1.86℃로 내려간다. 이것을 빙점강하(氷點降下) 현상이라 부른다.

유리판 사이의 물은 증류수인데 유리판을 충분히 접근시킨 것만으로 이렇게 빙점이 내려가는 것이다. 이 현상은 빙점강하와는 다른 원인에 의한 것이다.

유리면에는 극성기가 있으므로 물분자는 세게 끌어당겨진다. 이들 물분자는 일정한 배열로 유리면을 덮는다. 이렇게 배열된 물분자의 영향 때문에 두 번째 층의 물분자도 배열된다. 그러나 개개 물분자는 열운동을 하고 있으므로 배열의 질서가 유리면에 직접 접하고 있는 제1층보다는 좋지 못하다. 유리면에서 떨어질수록 물분자의 배열 방법이 난잡해질 것이다. 이들 층을 일괄해서 계면층(界面層)이라고 부른다.

계면층의 두께는 유리의 종류나 측정 방법에 따라 달라지지만 수백에서 1,000 Å라고 말한다. 이 층의 물분자 배향은 증류수 내부와는 다르며 더구나 열운동도 느리므로 얼기 어려운 상태에 있다고 생각할 수 있다.

생물은 세포로 이루어져 있고 수백 Å 정도의 좁은 틈 사이가 많이 있다. 따라서 이런 틈 사이의 물은 마찬가지로 얼기 어려운 상태에 있다.

또 이런 틈 사이는 흙속에도 무수히 있다. 이 토양 속 물의 상태는 식물의 생육에 있어서 매우 큰 영향을 줄 것이다(6장 참조).

**삼투압**

<그림 33>과 같이 유리관의 한끝을 콜로디온막으로 싸고, 안쪽에 설탕물을 넣어 이것을 증류수 속에 담그면 물이 설탕물 쪽으로 이동해 액주(液柱: 물기둥)가 어느 점까지 올라가는 것을 볼 수 있다.

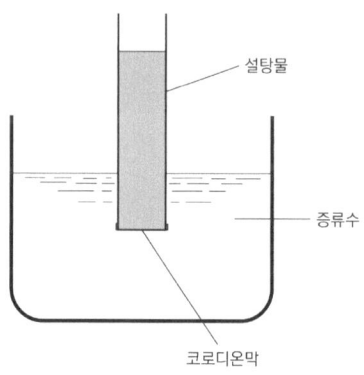

**그림 33** | 삼투압의 실험

물과 설탕물에는 압력이 작용하고 있는데 물에 가해진 압력이 높다. 콜로디온막에는 작은 구멍이 많이 뚫려 있는데 이 구멍은 아주 작으므로 설탕 분자는 통과할 수 없고 더 작은 분자만이 자유로이 통과한다. 그래서 물과 설탕물에 작용하고 있는 압력차 때문에 물은 증류수 쪽에서 설탕물 쪽으로 이동한다. 그리고 압력차와 같아지는 곳까지 물기둥이 상승한다. 이런 현상을 삼투현상(滲透現象)이라 하고 물기둥의 높이에 대응하는 압력을 삼투압(滲透壓)이라고 한다.

## 물의 활량

삼투압을 좀 더 정량적으로 생각해 보자. 설탕의 농도를 바꾸어 삼투압을 측정해 보면 설탕 농도가 극히 희박한 범위에서는 삼투압이 농도와 거의 비례한다는 것을 알 수 있다(삼투압이 농도에 비례하는 용액을 이상용액(理想溶液)이라고 한다).

그런데 설탕 농도를 차츰 진하게 해가면 삼투압은 농도에 비례하지 않고 더 큰 값을 가리킨다. 이상용액 차이가 생기는 정도는 녹아 있는 물질에 따라 달라진다. 예를 들면 물 100g에 설탕 34.2g을 녹인 용액의 삼투압은 27기압 및 25.7기압이다. 만약 이들 용액이 이상용액이라고 한다면 그 삼투압은 24.8기압이 된다. 이렇게 해서 두 용액은 모두 이상용액보다 큰 삼투압을 가리킨다(이들 값은 모두 25℃에서의 값이다).

지금까지 농도라는 말을 아무 설명도 없이 사용해 왔다. 여기서 말하는 농도란 물 1kg에 녹인 용질(溶質: 지금의 예에서는 설탕 또는 맥아당)

의 분자 수다. 1장에서 말했듯이 분자 수의 절댓값은 너무 큰 수치이므로 $6.02 \times 10^{23}$개를 단위로 해서 이것을 1mol(몰)이라 부르고 있다.

설탕과 맥아당은 분자량이 같으며 지금 든 예에서는 양쪽 용액의 농도는 모두 물 1kg당 1mol이다(1mol/kg $H_2O$로 나타낸다). 즉 두 용액의 농도는 같은데도 삼투압 값으로 판단하면 설탕 용액의 농도가 짙은 것처럼 보인다. 어째서일까.

물 1kg 속에 포함되는 물분자의 수는 55.5mol이다. 설탕이나 맥아당 1mol을 녹이면 실질적으로 1mol보다도 많이 녹인 것과 같은 작용을 한다.

이 결과를 설명하기 위해서

(1) **설탕이나 맥아당의 분자가 1mol 이상으로 불었다.**

(2) **물분자의 수가 감소했다.**

는 것을 가정하면 된다.

그런데 물질의 증감이 실제로 일어나고 있는지를 확인하기 위해서는 물질을 녹인 전후의 무게를 측정하면 된다. 실제로 측정해 보면 물 1kg에 설탕 342g을 녹이면 설탕 용액의 무게는 1,342g이 되어 물질의 증감이 없다. 따라서 조금 전의 두 가정은 모두 옳지 못하다.

그렇다면 어째서 설탕 용액이나 맥아당 용액의 삼투압이 이상용액의 삼투압보다 높은지를 설명할 수 없게 되어버린다.

거기서 (2)의 가정의 내용을 좀 더 자세하게 생각해 보기로 한다. (2)의 가정에 따르면 설탕 1mol을 녹였기 때문에 물분자가 5mol만큼 줄었다고 한다면 설탕의 실질 농도는 1mol이 아니라 1.1mol이 된다($\frac{55.5}{55.5-5} ≒ 1.1$).

3장에서 말했듯이 물질이 물에 녹으면 그 분자 주위 물분자의 상태는 증류수 속에서의 상태와 달라진다.

설탕 용액의 경우에는 설탕 분자 주위의 물분자가 설탕 분자의 수산기와 수소결합을 하므로 속박된 상태에 있고 열운동이 느려진다. 따라서 물분자의 상태라는 관점에서 본다면 가정(2)가 타당하다. 즉 줄어든 물분자를 증류수 속 상태와는 다른 물분자라고 생각하면 된다. 이 물분자를 포획물 분자(捕獲物分子)라고 부르기로 한다. 그리고 포획되지 않은 물분자, 즉 설탕 분자에서 떨어져 있고 증류수 속의 물분자와 같은 상태인 물분자를 자유물분자라고 부르기로 한다.

여기서 특히 다음 점을 강조해 둔다. 용액 속에서는 모든 분자가 맹렬한 열운동을 하고 있으므로, 물분자는 어떤 때는 포획물 분자가 되고 다른 순간에는 자유수(自由水)가 된다. 그러나 온도와 농도가 일정하다면 자유수와 포획된 물의 비율은 일정하다.

지금 증류수 1kg의 mol수(55.5mol)에 대한 용액 속 자유물분자의 mol수 비율을 물의 활량(活量)이라고 부르기로 한다. 즉 활량은 실효농도(實效濃度)다. 이처럼 물의 활량에 의해서 물분자와의 상호작용 세기를 나타낼 수 있다.

지금 예에서 설탕 용액의 경우 활량이 작으므로 설탕 분자와 물분자의 상호작용이 강하다. 설탕 용액이든 맥아당 용액이든 물의 활량은 1보다 작다.

그렇다면 어떤 경우라도 물의 활량은 1보다 작은 것일까. 즉 반드시 포획물 분자가 생기는 것일까. 실은 그렇지 않다. 3장에서 말한 부수화를 하는 이온 또는 분자의 용액에서는 물의 활량이 오히려 1보다 커진다. 이것을 설명하기 위해서는 물의 구조에 대한 상세한 지식이 필요하므로 이 책에서는 이 이상 설명하지 않기로 한다.

물의 활량은 용액의 성질을 나타내는 데 중요한 양이다.

## 삼투압과 생물

삼투 현상은 생물에게 지극히 중요하다. 예를 들면 식물이 뿌리에서 물을 빨아올리는 주된 원인 중 하나는 삼투압 차이에 의한 것이다. 식물 뿌리의 세포막은 미묘한 기능을 가지고 있어서 물분자보다 큰 분자도 통과할 수 있는데, 물의 투과는 삼투압에 의한다. 따라서 비료 농도가 높으면 이른바 거름타기가 일어난다. 이것은 거꾸로 물이 뿌리에서 밖으로 스며나가는 것으로서 이것 또한 삼투압에 의한 것이다.

삼투 현상의 또 한 가지 중요한 예로 용혈(溶血)을 든다. 혈액은 불투명한데 이것을 물로 묽게 하면 얼마 후에는 투명해진다. 이것은 다음과 같은 원인으로 일어난다. 혈액을 물로 묽게 하면 적혈구의 바깥쪽 액의 삼투압이 높아진다. 즉 물이 적혈구 내로 삼투하고 혈액이 팽창해서 결국 파괴되어 헤모글로빈이 녹아 나온다. 이 현상을 용혈이라고 한다. 용혈을 하면 적혈구의 생리적 기능이 상실된다.

예를 들면 수술 후에 영양 보급 등의 목적으로 점적(點滴)을 하는 일이 있다. 이 경우 혈액에 넣는 생리적 용액은 우선 첫째로 혈구 내의 삼투압과 같은 삼투압을 가지고 있어야 한다(이것을 등장(等張)이라고도 한다).

또 인공신장도 투석액(透析液)은 등장이 아니면 안 된다. 이렇게 혈액에 관한 경우에는 항상 삼투압이 문제가 된다.

그라티아(Henri Gratia)는 용혈을 이용해서 동물의 적혈구막 세기를 조사했다. 그에 따르면 염소나 고양이의 막은 약하고 토끼나 기니피그의 적혈구막이 가장 강하다. 사람의 적혈구막은 이 중간이다.

이런 삼투압 현상은 물의 활량에 따라 좌우된다.

# 5장

# 생체 내의 물

물은 잠시도 쉬지 않고 몸속을 돌아다니며 단백질, 효소, 핵산 등의 생체 고분자나 세포가 잘 활동하는가를 점검한다. 조직에 이상이 생기면 그 정보를 필요한 곳에 전달해서 본래의 상태로 되돌려준다.

생명이라는 장대한 드라마를 잘 진행해 나가기 위해서 물은 1인 2역뿐 아니라 몇 개의 몫을 해내고 있다. 그러나 어떤 원인으로 드라마의 진행이 크게 흐트러지면 이미 물의 힘으로는 감당할 수 없게 된다. 시간이 멈추고 동시에 물은 더욱 자유분방한 행동을 하며 죽음이 시작된 것을 알려준다.

엄격한 외계 조건 아래서 생체 내 물의 운동이 극단적으로 느려지면 생명은 곧 기능을 정지하고 모든 것이 다시 싹트는 봄이 오기를 기다린다. 생명이 약동할 무렵, 거기에는 물분자의 활발한 운동이 있다.

물은 단세포 생물이라고 해서 허술하게 대하는 일이 없으며, 인간이라고 해서 특별히 정성 들여 행동하는 일도 없다. 그 행위에는 거짓이나 속임이 없다. 고대 중국 사람은 군자(君子)를 물로 비유했다.

## 사람이 하루에 필요한 물은 얼마나 될까

물은 사람 체중의 몇 % 정도나 될까. 성인은 체중의 60%, 신생아(분만 후 약 28일간까지의 갓난아기)는 80%가 물이라고 한다. 그러므로 체중 50kg의 성인은 30kg, 체중 3kg의 신생아는 2.4kg이 물이다. 지구 위에 생명이 발생했을 때와 마찬가지로 생명의 영위는 진화한 현재도 물속에서 이뤄지고 있다고 하겠다.

그렇다면 사람은 체내에서 하루에 얼마나 되는 물을 사용할까. 신장은 몸속에서 축적된 노폐물을 처리해서 깨끗한 물을 만드는 공장 같은 것이다. 여기서 하루에 180ℓ의 물이 재생되고 있다(한 되짜리 100병 몫의 물이다!).

하루에 음식물 형태로 외부에서 섭취하는 물은 고작 2.5ℓ이다. 오줌이나 땀 등의 형태로 몸 밖으로 배출되는 물도 마찬가지로 2.5ℓ다. 결국 180ℓ의 물을 공급하기 위해 끊임없이 체내를 돌고 있는 물을, 콩팥에서 하루에 여섯 번쯤 반복 재생해서 쓰고 있는 셈이 된다. 사람이 살아가기 위해서는 이렇게 많은 양의 물이 필요하다.

풀과 나무는 땅속에서 물을 빨아올려 그것을 공중으로 발산하고 있는데, 이상하게도 이 물의 양은 하루에 190ℓ로 성인의 체내에서 재생되는 물의 양과 거의 같은 양이다.

## 체액의 조성

생물체 내의 물은 세포외액과 세포내액 두 가지로 크게 나뉜다. 세포

|  | Na⁺ | K⁺ | Ca⁺ | Mg⁺ | Cl⁻ |
|---|---|---|---|---|---|
| 바닷물 | 100 | 3.61 | 3.91 | 12.1 | 181 |
| 해파리 | 100 | 5.18 | 4.13 | 11.4 | 186 |
| 뿔거북 | 100 | 4.61 | 2.71 | 2.46 | 166 |
| 대구 | 100 | 9.50 | 3.93 | 1.41 | 150 |
| 개구리 | 100 | – | 3.17 | 0.75 | 136 |
| 개 | 100 | 6.62 | 2.80 | 0.76 | 139 |
| 사람 | 100 | 6.75 | 3.10 | 0.70 | 129 |

**표 8** | 동물 체액 속 이온 농도와 해수의 이온 농도 비교

외액은 세포 밖에 있는 물로 피부나 기타 적당한 조직에 의해 감싸여 있다. 예를 들면 혈액이나 세포간액(細胞間液) 등이 바로 외액이다. 식물의 세포외액은 목질(木質)에 포함되어 있다.

세포내액은 세포 속에 포함된 물이다. 생명현상은 세포 내에서 영위되므로 5장에서 말하는 것은 주로 이 세포내액의 활동이다. 세포간액은 세포내액의 작용이나 그 양을 일정하게 유지하는 데 필요하다. 이때 물의 이동에는 4장에서 말한 삼투압이 중요한 역할을 한다.

그런데 체액에 포함된 주된 이온은 위에서 말했듯이 소듐이온($Na^+$), 포타슘이온($K^+$), 칼슘이온($Ca^{2+}$), 마그네슘이온($Mg^{2+}$), 염소이온($Cl^-$), 중탄산이온($HCO_3^-$) 등이다. 여러 가지 종류의 동물의 체액 속 $Na^+$이온 농도를 100으로 했을 때 상대이온 농도를 비교해 보면 <표 8>과 같다.

표에서 알 수 있듯이 상대이온 농도는 $Mg^{2+}$이온을 제외하고는 생물에 따라 그리 다르지 않으며 바닷물의 조성에 가깝다. 이 결과는 원시 생명이 바닷속에서 발생했다는 주된 근거 중 하나다.

또한 동물의 조직 속 체액은 비슷한 이온 조직을 가지고 있다. 예를 들면 양서류 체액의 염화소듐양은 100㎜·mol/ℓ, 새나 포유류는 150㎜·mol/ℓ이다.

즉 생물이 진화해서 여러 종류로 갈라졌지만, 그때 닮은 동물의 그룹은 같은 해부학적 특성을 지녔을 뿐더러 비슷한 기능을 지닌 신장을 가지게끔 진화했다. 따라서 조성이 비슷한 체액을 가지고 있는 것으로 생각된다.

**세포**

세포는 생명 활동의 최소 단위라고도 할 수 있다. 실제로 아메바처럼 전체가 하나의 세포로 되어 있는 단세포 생물도 존재한다.

세포는 종류에 따라 그 형태가 여러 가지다. 그 구조 역시 동물과 식물에 있어서 자질구레한 점은 다르지만, 그 기본적인 구조는 <그림 34>와 같다.

즉 세포는 세포막에 의해 외부와 격리되어 있고, 그 내부에 여러 가지 세포기관이 세포질로 둘러싸여 있다. 그리고 세포에 포함된 주된 물질은 다음과 같다. 물이 전체 중량의 약 70%를 차지하고 기타 주된 성분으로는 단백질, 핵산, 다당류, 전해질 등이 있다. 세포 내 물의

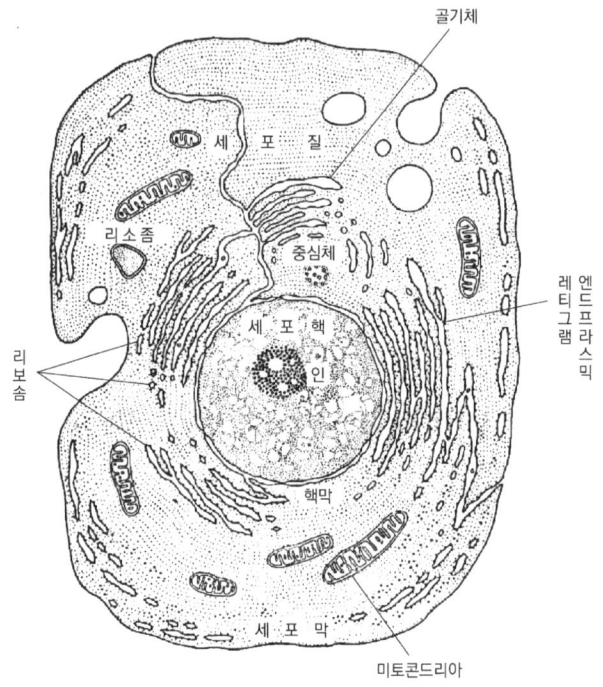

**그림 34** | 세포의 구조

활동은 이온과 물, 생체 고분자(단백질, 핵산, 다당류)와 물, 그리고 세포막과 물의 작용으로 결정된다.

**단백질의 구조**

생체 고분자와 물의 작용을 말하기 전에 먼저 생체 고분자의 고차구조(高次構造)에 대해서 생각해 본다. 여기서는 생체 고분자의 대표격으로 단백질을 들기로 한다.

단백질은 여러 가지 아미노산이 한 줄로 결합해서 이루어진 고분자인데,

```
        R₁
        |
— N — C — C —
    |   |   |
    H   H   O
```

로서 나타내는 단위가 반복 결합해서 하나의 사슬처럼 되어 있다. 여기서 R₁을 측쇄(側鎖)라고 부르며 아미노산의 종류에 따라 결정되는 특유한 기(基)이다. 예를 들면 알라닌이라는 아미노산에서 R₁은 ─CH₃ 기이며, 트레오닌이라는 아미노산에서는 ─CH$<^{OH}_{OH_3}$, 아스파라긴산에서는 ─CH₂─COO⁻와 같이 소수기나 극성기, 해리기 등 여러 종류의 기가 있다.

단백질 분자의 형태는 이들 아미노산이 직선이 되어 곧장 뻗어나간 형태를 한 것이 아니라, 더욱 복잡하면서도 어떤 질서를 가진 형태를 하고 있다.

이 질서 구조를 나타내는 데에 보통 1차 구조, 2차 구조, 3차 구조라는 표현을 쓴다. 그리고 2차 구조 이상을 고차 구조라 한다.

1차 구조는 단백질을 조립하고 있는 아미노산의 순서를 나타낸다. 이 순서는 단백질의 종류에 따라 정해져 있다.

1차 구조가 만들어지면 단백질 사슬에 포함된 ─NH와 ─C=O기

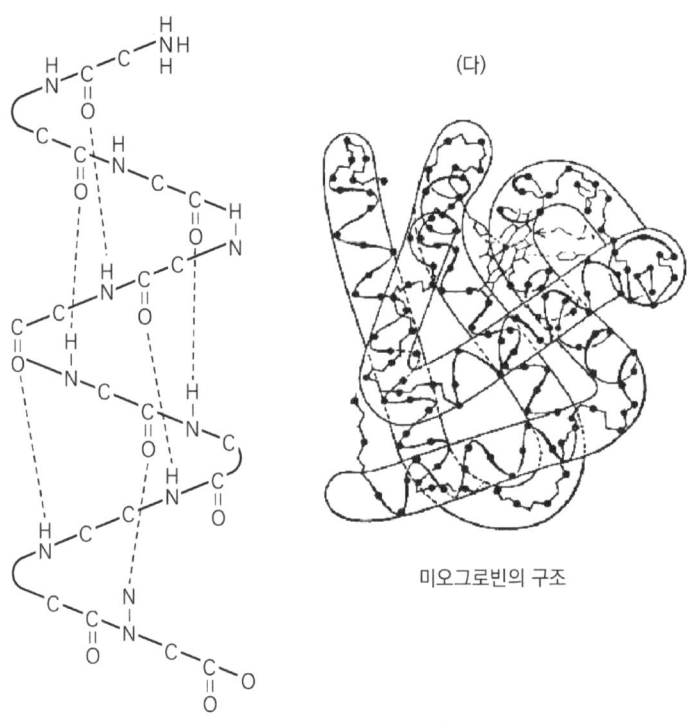

**그림 35** | 단백질의 구조

사이의 수소결합으로 코일상이 된다. <그림 35>의 (나)는 그 상태를 나타내고 있다.

단백질 분자는 코일상으로 감긴 곧은 원통이 아니라, 적당한 곳에서 휘어져 전체적으로는 둥그스름한 형태를 지니고 있다. 이것을 3차 구조라 한다(<그림 35>의 (다) 참조). 그리고 단백질이 그 기능을 발휘하기 위해서는 생체 내에서 어떤 특정한 3차 구조를 유지하고 있어야 한다. 3차 구조는 1차 구조에 의해서 결정된다.

3차 구조가 파괴 혹은 변형되거나 단백질 분자가 몇 개 모여서 한 집합체를 만들거나 하면, 그 단백질은 그 분자 특유의 작용을 보이지 않게 된다. 따라서 일정한 3차 구조를 유지하고 있다는 것은 지극히 중요한 일이다.

고차 구조는 비교적 약한 힘으로 유지되고 있으므로 조건을 적당하게 바꾸면 쉽게 파괴되거나 변형된다. 이런 성질을 변성(變性)이라고 한다. 변성은 단백질 용액을 가열하거나 전해질 혹은 요소와 같은 물질을 가하면 일어난다. 본래 상태의 단백질을 미변성(未變性) 상태라고 부르고 있다.

### 3차 구조와 소수성 상호작용

단백질이 3차 구조를 보전하고 있는 한 가지 원인으로 소수성 상호작용이 있다. 위에서 말한 대로 아미노산 가운데에는 소수성 측쇄를 가진 것이 있다.

4장에서 이미 말했듯이 소수기 주위의 물분자는 증류수보다 엔트로피가 낮은 상태에 있고, 그 때문에 소수기끼리 집합해서 소수 면이 적어지는 편이 적절하다. 단백질 분자가 휘어져서 구상(球狀)이 될 경우도 마찬가지로 소수성 측쇄가 가급적 많이 접촉할 수 있을 만한 형태를 취하는 편이 적절하다. 그런 형태가 가장 안정된 상태며 더구나 단백질이 고유 기능을 발휘하는 데 필요한 상태다.

단백질의 구조는 X선 해석으로 분명히 알 수 있다. 그 결과에 따르면 단백질 분자가 둥그스름한 형태를 취할 때에 소수기끼리 되도록 많이 접촉할 수 있을 만한 배치를 취하고 있다.

X선 해석은 단백질 분자가 모여 결정이 된 상태에서 실시되고 있다. 그래서 결정 내 단백질 분자의 상태와 생체 내에서 단백질이 그 특유의 기능을 발휘하고 있는 상태는 다르지 않으냐는 의견이 있었다.

그러나 현재 많은 연구로 양쪽 상태는 같다고 보고 있다. 따라서 소수성 상호작용은 단백질의 고차 구조를 유지하기 위해 수소결합과 마찬가지로 중요하다는 것이 확인되었다.

**단백질 주위의 물의 상태**

단백질과 물의 상호작용에서 가장 중요한 것은 단백질 표면과 물의 작용이다. 단백질이 생체 안에서 아미노산으로부터 합성되어 둥그스름한 형태가 될 때, 단백질이 자신의 내부에 물분자를 감쌀 경우도 생각할 수 있다. 어떤 단백질은 한 분자마다 수십 개의 물분자를 감싸고

| 단백질 | 물의 그램 수 / 건조 단백질의 그램 수 | 수화층의 두께(Å) |
|---|---|---|
| 혈청알부민 (혈액 중에 있는 단백질) | 0.315 | 3.2 |
| 난백알부민 (알의 흰자질의 단백질) | 0.323 | 3.4 |
| 헤모글로빈 (적혈구 내에 있는 단백질) | 0.324 | 3.8 |

**표 9** | 단백질의 결합수(結合水)

있다. 이런 물분자는 단백질 내부에 머물러 있으며 보통 상태에서는 특별한 작용을 하지 않는다.

소수성 상호작용 때문에 단백질의 소수기는 가급적 많이 내부로 접어 넣어져 있으므로 단백질 표면에는 카복실기와 같은 해리기나 수산기 같은 극성기가 많다. 물론 소수기도 조금은 나와 있다.

이들 기와 물의 상호작용은 본질적으로는 이미 말한 저분자와의 상호작용과 마찬가지다. 예를 들면 단백질 표면에 있는 수산기는 알코올의 수산기와 마찬가지로 물분자와 수소결합을 만든다.

알코올 분자 주위 물분자가 머무는 시간은 증류수 속 위치에 물분자가 머물러 있는 시간과 그리 다르지 않으며 극히 약간일 뿐이다. 이렇게 본다면 단백질 표면의 수산기와 접해 있는 물분자의 체재 시간도 같은 것으로 생각하면 될까?

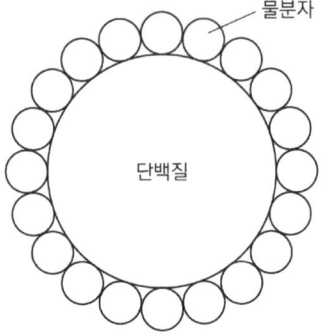

**그림 36** | 단백질의 결합수

이 문제에 대답하기 전에 먼저 단백질의 수화량(水和量)에 대해서 생각해 보자. 이온이나 저분자일 경우에 그 분자 주위에 몇 개의 물분자가 존재하느냐, 즉 물분자의 배위수 또는 수화수는 물과의 상호작용을 연구하는 데 있어서 중요한 양이다.

단백질 등 생체 고분자일 경우에 대응하는 양을 수화량 또는 결합수(結合水)라고 부른다.

생체 고분자의 수화량을 측정하는 방법은 저분자의 경우와 같다. 예를 들면 단백질에 접해 있는 물분자의 상태는 증류수 속 물분자의 상태와는 다르므로 열적 성질도 달라진다. 그래서 단백질 수용액의 열적 성질을 측정해서 단백질의 수화량을 정할 수 있다. <표 9>는 그 한 예이다. 표의 결합수는 물분자의 수가 아니라, 건조한 단백질 1g마다 붙어 있는 물의 그램 수로 표시하였다. 또 표에는 결합수의 층 두

께도 적어놓았다. 물분자의 지름은 2.8Å이므로 이 표에 따르면 이 층은 약 1분자의 두께다. 다른 측정 방법으로도 비슷한 결과가 얻어지고 있다.

결국 결합수의 양에서 계산해 본다면 이들 단백질은 그 표면이 빈틈없이 빽빽하게 물분자로 덮여 있으며, 그 층의 두께는 1분자의 두께가 된다(<그림 36> 참조).

## 세 겹의 물로 둘러싸인 단백질

이렇게 해서 정해진 결합수의 양에서는 단백질에 밀착해 있는 물분자의 운동 상태에 대한 구체적인 정보를 얻어낼 수가 없다. 그러므로 다른 측정 방법이 필요하다.

분자의 열운동을 알기 위해서는 유전분산(誘電分散)이라든지 핵자기 공명법 따위가 있다. 이 방법들로 물분자의 회전운동 속도를 알 수 있다. 그 결과에 따르면 단백질 주위 물분자의 상태에는 적어도 두 가지 다른 상태가 있다.

그 하나는 단백질에 밀착해 있는 물분자로서 그 회전운동 속도는 $10^{-6}$초이고, 이 층의 두께는 1분자 층이다. 이 층의 물은 <표 9>와 <그림 36>에서 보인 열적 방법으로 구해낸 것과 같은 상태의 물이다. 제2의 상태의 물은 이 층의 바깥쪽에 있는 물로 물분자는 $10^{-9}$초 정도의 속도로 회전운동을 하고 있다. 이 두 번째 층의 두께는 아직 분명하게 알지 못하지만, 기껏해야 2~3분자 층의 두께라고 생각되고 있다.

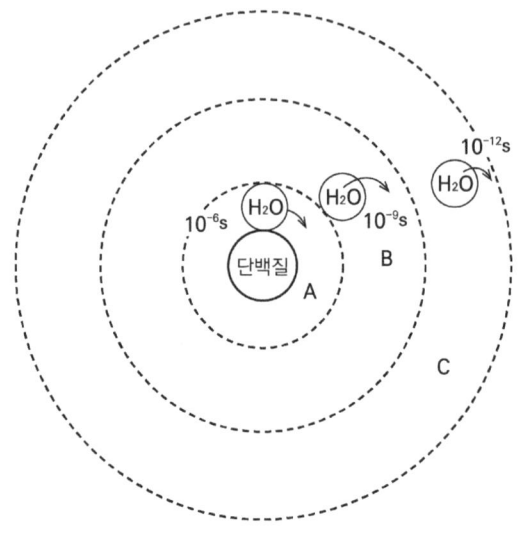

**그림 37** | 단백질 둘레의 물의 상태

여기서 말하는 회전운동은 지금까지도 여러 번 언급했듯이 팽이처럼 한 방향으로 회전하고 있는 운동을 말하는 것이 아니라 회전 진동을 뜻하고 있다(<그림 3> 참조).

이 상태를 그리면 <그림 37>처럼 된다. 위의 제1, 제2의 상태를 A층, B층이라고 부르기도 한다. 그림에서 C층은 증류수와 같은 상태다. 수용액 속 단백질은 이처럼 A, B, C층의 세 겹의 물로 둘러싸여 있다. 그리고 B층의 두께는 조건(온도, 압력, 또는 전해질이나 요소를 첨가하는 것)에 따라 변화한다.

또 A층의 물분자는 어느 시간 뒤에 B층의 물분자와 교환하고, 그

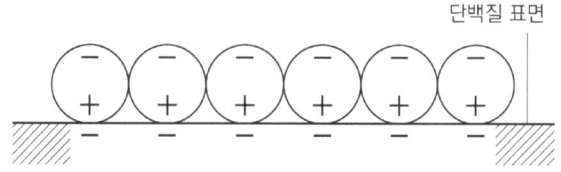

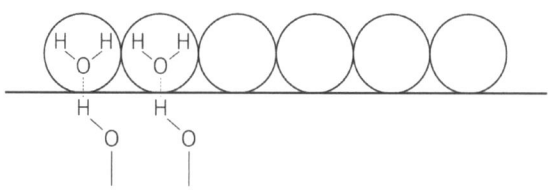

**그림 38** | 단백질 표면의 물의 상태

리고 B층의 물분자는 C층의 물분자와 교환한다. 그때의 병진운동 속도는 회전운동 속도와 같은 정도다.

증류수 속 물분자의 열운동과 비교해 보면 A층의 물은 100만 분의 1, B층의 물은 1,000만 분의 1 정도 운동이 느려지고 있다. 단백질을 만들고 있는 각 아미노산 분자 주위의 물분자운동은 증류수에 비해 겨우 2/3 정도의 속도다. 이들 아미노산이 결합해 만들어진 단백질 주위 물분자의 운동은 왜 이렇게도 느릴까. 아미노산이 수십 개에서 수천 개가 결합해서 단백질이 되었기 때문에 물분자의 운동에 질적인 차이가 나타났다. 이 원인은 단백질 속에 숨어 있을 것이다.

단백질의 표면을 살펴보자. 단백질의 구조에서 말했듯이 표면에는 해리기와 극성기가 많다. 이들 기가 많이 모이면 물에 대한 작용은 기가 저마다 단독으로 존재할 경우(저분자처럼)보다 훨씬 강해진다.

물분자는 이들 기 하나하나에 정전적(靜電的)인 힘이나 수소결합에 의해 붙잡히고 있다. 그런 상태가 <그림 38>이다. 이들 물분자는 한 면도 빈틈없이 단백질 표면을 덮고 있기 때문에 이웃 물분자 사이에도 상호작용이 일어나 물분자 개개의 운동을 방해한다. 이것을 협동작용이라고 한다.

그 때문에 A층 물분자의 열운동은 극단으로 느려진다. A층의 물분자가 이렇게 규칙적으로 배열해 있으므로 그것과 이웃한 B층의 물분자도 마찬가지로 운동이 속박되는데, 그 정도는 A층만큼은 아니다. B층의 두께는 A층 물분자의 배열 정도에 따라서 정해진다. 이상이 단백질 주위 물분자 운동이 증류수 속에서 질적으로 다른 이유이다.

**단백질 생합성과 물분자의 작용**

다음은 단백질이 생체 내에서 만들어지는 과정과 물의 관계에 대해 살펴보기로 한다. 단백질 1차 구조의 생합성(生合性)은 다음과 같이 진행된다. 즉 메신저 RNA(m-RNA)에 리보솜이 결합하고 그 위를 움직여 가면서 m-RNA가 가지고 있는 유전정보를 읽어내고 그에 따라 단백질 사슬이 만들어진다.

그리고 리보솜이 m-RNA의 끝까지 가면 새로 만들어진 단백질을

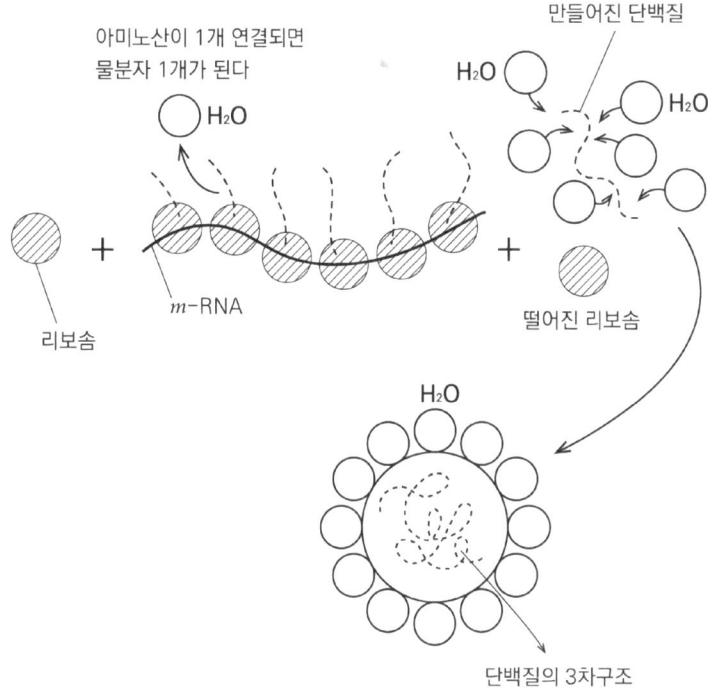

**그림 39** | 단백질의 생합성(生合性)과 수화(水和)

유리한다. 이처럼 단백질의 1차 구조가 만들어지는 속도는 분자량(즉 단백질을 만들고 있는 아미노산의 수)에 따라 다르지만, 수 초에서 2~3분이라고 한다(<그림 39> 참조).

그리고 어느 때 단백질의 3차 구조가 만들어지느냐는 것은 잘 모르지만 거의 90%쯤 합성되기 전이라 예상한다.

1차 구조 합성 과정에서 1개의 아미노산이 결합할 때마다 1분자의 물이 만들어진다. 이 물분자는 주위의 물속에 녹아들어 곧 활발한 열운동을 전개한다.

아미노산끼리 결합하면 —CONH—라는 펩타이드기가 생긴다. 이 펩타이드기 사이의 수소결합에 의해서 단백질의 2차 구조가 만들어지는데, 이 펩타이드기 주위의 물분자는 증류수 속에서보다 오히려 약간 활발한 열운동을 하고 있다. 즉 펩타이드기는 부수화를 하고 있다(펩타이드기와 물분자는 수소결합을 만들 수 있는데도 불구하고 말이다).

그래서 생체 내에서 합성된 단백질이 리보솜에서 떨어져 나간 순간, 극히 짧은 시간에 2차 구조에서 3차 구조로 진행해 특별한 작용을 발휘하기 위한 편리한 형태를 취한다. 그 과정에서 펩타이드기와 물분자 사이의 상호작용은 아무런 장해도 되지 않는다. 만약 펩타이드기에 물분자가 강하게 결합해 있다고 가정해 보자. 그러면 이 물분자를 치워버리고 다른 펩타이드기와 수소결합을 만들기 위해서 큰 에너지가 필요하므로, 더 긴 시간이 걸린다. 따라서 생체 내에는 기능을 발휘할 수 없는 단백질도 존재하게 될 것이다. 이것은 생물에게 바람직한 상태가 아니다.

이렇게 해서 단백질이 둥그스름한 형태(3차 구조)가 되면, 그때까지 그 주위를 맹렬한 기세로 뛰어다니던 물분자가 일제히 단백질로 뛰어들어 거의 순간적으로 단백질 표면을 물의 막으로 덮어버린다. 이것이 <그림 37>의 A층이다.

A층의 물분자는 긴 시간(증류수 속 물분자의 열운동 기준) 일정한 배열

을 유지하고 있으므로 A층에 접해 있는 B층의 물분자 운동은 영향을 받는다. 즉 물분자를 일정한 방향으로 배열하려는 힘의 작용을 받아 물분자는 움직이기 어려워진다. 그러나 단백질에 접해 있는 A층의 물분자만큼은 속박되지 않는다. 이렇게 해서 단백질은 딱딱한 물의 껍질과 그 바깥쪽의 탄력성 있는 덮개에 의해 둘러싸여 있다.

단백질이 물속에 녹아들어 안정 상태로 존재할 수 있는 한 가지 이유는 A, B 두 층의 물의 덮개 때문이다. 적당한 물질(이를테면 알코올)을 가해서 이들 층의 물을 제거해 버리면 단백질은 굳어져 침전한다. 즉 A, B 두 층의 물은 단백질을 보호하는 역할을 하고 있다.

## 단백질을 보호하는 구조화된 물

단백질 주위 A층과 B층의 물분자의 열운동은 증류수 속에서보다 훨씬 느리다. 또 그 배열 방법도 증류수와는 다르다.

증류수는 0°C에서 언다. 그러면 단백질 수용액은 몇 도에서 얼까?

용액이 몇 도에서 어는지 알기 위해서는 보통 온도계를 사용하여 얼었을 때 온도를 관찰하면 된다. 그러나 단백질 용액의 경우, 이 방법으로는 C층 물의 빙점밖에 알 수 없다. 그르므로 A층이나 B층의 물이 어는점을 조사하기 위해서는 위에서 말한 비열이나 핵자기 공명법, 유전분산 등의 방법을 사용해야 한다.

그 결과 B층의 물은 -10°C, A층의 물은 -80°C 전후에서 언다는 것을 알았다. 즉 이들 물은 매우 얼기 힘든 상태에 있다.

그 이유는 물분자의 배열 방법과 열운동의 정도가 증류수와 다른 점에 있다. 이 측정은 1기압하에서 행해졌다. 1기압하에서 물은 0℃에서 얼음이 되는데, 그때 물분자의 배열 방법은 정사면체의 배열을 취한다. A층과 B층의 물은 증류수에 비해 천천히 운동하고 있고 배열도 다르므로 정사면체 배열을 취하기 어렵다.

저온의 물에서는 일반적으로 고체나 액체가 녹기 힘들다. A층과 B층의 물은 열운동이라는 점에서 볼 때 저온의 물과 비슷하다. 그 때문에 이 부분에서는 전해질이 잘 녹지 않는다.

이번엔 물의 보호 작용에 대해서 살펴보자. 분자에 따라서는 주위 물분자의 열운동을 오히려 맹렬하게 만드는 것이 있다고 이미 말했다. 생물과 관계가 깊은 분자 중에서는 $K^+$이온, $Cl^-$이온, 요소 등이 있다. 요소는 음식물의 단백질이 동물의 체내에서 분해될 때 생긴다.

요소를 대량으로 녹인 수용액에서는 물분자의 열운동이 증류수 속에서 더욱더 활발해진다. 그래서 단백질 수용액에 요소를 다량으로 녹이면, B층의 물분자는 요소 분자의 작용으로 운동 속도가 $10^{-9}$초에서 $10^{-12}$초로 증가한다. 그 때문에 A층에 대한 물분자의 충돌 빈도가 늘어나고 그 결과 단백질 분자는 물분자의 맹렬한 운동에 노출된다.

이런 상태에서 단백질은 이미 본래의 3차 구조를 유지할 수 없어 산산이 분해되어 버린다. 요소의 양이 더 많으면 펩타이드기 사이의 수소결합도 끊어져서 완전히 분해된 상태가 된다. 즉 변성이 일어난다. 변성한 단백질은 1차 구조가 바뀌지 않지만, 본래의 기능을 나타내지 못하고 그 개성을 상실한다. 투석과 같은 방법으로 요소만을 제거하면 단백질은 다시 본래의 3차 구조로 복원해서 특유한 기능을 발휘하게 된다.

단백질 이외의 생체 고분자, 예를 들면 핵산이나 다당류에서도 그 주위의 물은 거의 비슷한 상태에 있다. 이들 생체 고분자가 생체 내에서 안정된 상태에 있는 것은 이와 같은 물의 층으로 둘러싸여 있기 때문이다. 이 물은 극히 구조화된 상태에 있기 때문에 외계의 온도 변화에 의한 자극을 부드럽게 만든다.

변온동물이나 식물은 외계의 온도에 따라 체내의 온도가 좌우된다. 예를 들면 물고기 등은 지극히 짧은 시간에 체온이 10℃ 이상이 바뀔 수 있다. 그 때문에 단백질이나 핵산이 변성을 일으켰다고 한다면, 이들 동물의 생명 활동은 위협적인 영향을 받는다. 또는 돌연변이에 의해서 기형을 낳게 될 가능성도 있다. 그렇지만 단백질이나 핵산은 구조화된 물에 의해서 보호되고 있으므로 온도 변화에 대해서는 강한 저항력을 가지고 있다. 그러므로 보통 일어나는 기온이나 수온의 변동으로는 이런 사태가 일어나지 않는다.

단백질이나 핵산은 전해질이나 요소에 의해서 변성된다. 지금까지 여러 번 말해온 것으로 알 수 있듯이, 어떤 분자의 물에 대한 작용을 아주 개략적으로 말한다면 물분자의 열운동이 어떻게 바뀌느냐는 것에 귀착된다. 바꿔 말하면 물과의 작용을 온도라는 인자로서 나타낼 수 있다. 버날과 파울러는 '구조온도'라는 말을 사용하고 있다.

이 표현에 따르면 정수화하는 물분자는 구조온도를 내리고, 부수화하는 분자는 구조온도를 올린다.

따라서 생체 고분자 주위의 물은 변성을 일으키는 물질에 대해서도 보호 작용을 하고 있다는 것을 알 수 있다. 생체 내의 이온이나 여러 물질은 어떤 평균 농도를 유지하고 있다. 그러나 그 농도는 국부적으로 변동하고 있다. 또 물을 일시적으로 다량 취하거나 급격한 운동, 질병 등의 경우에는 이온 농도가 평균 농도에서 벗어나는 일이 있다. 이 정도의 변동에서는 물의 보호 작용으로 생체 고분자가 나쁜 영향을 받지 않는다.

이처럼 A, B 두 층의 물의 보호 작용은 주로 물분자의 열운동과 관계되고 있다. 따라서 물분자의 열운동에 직접 관계가 없는 외계 작용에 대해서는 영향을 받는다.

단백질 핵산은 온도 변화에 대해서 저항력을 가지고 있지만, 단백질, 특히 핵산이 빛에 약한 것은 이 때문이다. 빛 혹은 방사능은 주위의 물을 통해 직접 이들 생체 고분자에 작용하고 분해해 1차 구조까지도 바뀌게 된다.

**효소반응**

화학공장에서는 수백 도, 수백 기압의 고온, 고압으로 여러 가지 물질을 합성하거나 분해하는 조작이 대부분이다. 이런 화학공장에 비하면 생물의 체내 온도는 그리 높지 않고 또 대체로 1기압이므로 지극히 안정된 환경이다. 그 속에서 분해, 합성, 산화, 환원 등 복잡한 화학반응이 쉽게 일어나는 것은 주로 효소 작용 때문이다.

효소는 단백질의 일종으로 생체반응 시 촉매작용을 한다. 효소의 촉매작용은 그 활성점에서 일어나며 활성점은 효소 분자의 표면이 아니라 오목한 곳에 있다(<그림 40> 참조). 그리고 이 구멍의 벽은 아미노산(단백질을 만들고 있다)의 소수성 촉매로 만들어져 있다. 따라서 이 벽에 접해 있는 물분자의 배열 방법은 효소 분자 표면의 물 상태와는 달리 되어 있다(단백질의 표면은 친수기가 많으므로). 물분자의 열운동 속도는 <그림 37> B층의 물과 같은 정도일 것이다.

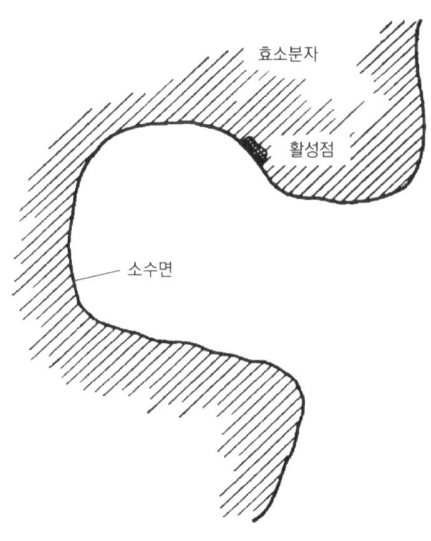

**그림 40** | 효소 분자의 활성점

효소에 의해 촉매작용을 받는 물질(기질(基質)이라고 한다)이 접근하면 이 구멍이 약간 넓어져서 기질을 받아들이기 쉬운 상태가 된다. 이때 분자 안쪽에 묻혀 있던 소수기가 드러나기 때문에 이 소수기 주위에 물분자가 배열된다. 다음 순간 배열된 물분자에 접해 있는 물분자도 배열된다(소수기가 드러나기 전후에는 물분자의 배열 방법과 열운동의 정도가 다르므로).

도미노식으로 물분자가 연달아 방향을 바꾼다. 마치 한쪽 끝에서부터 연달아 차례로 쓰러져 나가듯이 운동이 전달된다. 이 작용으로 효소 분자가 변형해서 활성화했다는 정보가 원거리에까지 다다라서 기질과의 결합을 쉽게 한다.

**어째서 돌고래는 빠르게 헤엄칠 수 있을까**

생물에는 다당류와 뮤코(muco)다당, 다당과 단백질이 결합한 당단백질이 포함되어 있다. 이들 화합물의 중요한 성질 중 하나는 물을 보전하는 능력이 지극히 크다는 것이다. 예를 들면 한천(寒天)은 90% 이상이 물이다. 또 히알루론산(뮤코다당의 일종)은 관절이나 탯줄 속에 들어 있어 관절운동을 원활하게 하는 윤활제 구실을 하거나, 탯줄이 태아의 운동 때문에 꼬이더라도 탄력성을 유지하고 있으므로 혈관이 찌부러져도 모체로부터 영양이 공급되도록 하는 작용도 하고 있다. 이것은 극히 소량의 히알루론산이 다량의 물을 유지하는 능력을 갖추고 있기 때문이다.

또 남극이나 북극에 살고 있는 물고기의 체내에는 어떤 종류의 당단백이 있어서 체내의 물이 어는 것을 방지하고 있다.

고속으로 헤엄치는 물고기나 해서동물(海棲動物)의 피부 표면에는 당단백이 있다. 이것은 물을 흡착시켜서 이와 접해 있는 물분자의 열운동을 느리게 한다. 그 결과 피부 표면의 물의 점도가 커져서 고속으로 헤엄을 쳐도 난류가 생기기 어렵다. 난류가 일어나면 운동에 대한 저항이 매우 커지고, 속도가 생기지 않게 된다.

로베르 메를은 이렇게 기록하고 있다. 돌고래가 헤엄치는 속도는 시속 30노트에 이른다. 이 속도는 돌고래의 피부 특성에 의한 것으로 생각하여, 이것에 대한 두 가지 이론이 있다. 하나는 막스 크래머의 이론으로서

> 실제로 돌고래는 두 장의 피부를 가지고 있다고 한다. 아래쪽 첫 장째 피부는 지방층을 덮고 있으며 표면의 두 장째 피부는 물을 포함한 해면사(海綿狀) 물질로 채워진 작은 종관(從管)을 감싸고 있다. 크래머의 의견으로는 이 두 장째 피부가 돌고래가 헤엄치는 속도의 비밀을 설명해 준다. 그것은 아주 부드럽고 탄력이 많아 지극히 적은 압력에도 민감하게 반응하며, 물의 소용돌이 난류에 닿으면 오목해지거나 주름이 잡히거나 해서 이 소용돌이 난류를 감소하게 한다.

또 다른 설명이 있다. 대부분의 학자가 확인하고 있는 일인데 돌고래의 표면 피부에는 무수한 모세혈관이 통해 있다. 고속도가 되면 이들

혈관 속에 급격한 혈액 역류가 생기고, 그것이 많은 열량을 방출해서 표피와 접하는 물의 표면층을 데워준다. 이 가열로 소용돌이 난류가 감소하는 것이다.

이 소설(로베르 메를의 '돌고래의 날')의 머리말에 따르면 돌고래의 동물학적인 부분은 현대 돌고래학의 성과를 그대로 받아들이고 있다. 소설가의 머리말을 그대로 믿는다면 터무니없는 일이 일어날 수도 있지만, 이 경우에는 로베르 메를의 말을 그대로 받아들여도 좋을 것이다.

그렇다면 제2의 설은 이상한 데가 있다. 물의 온도가 높아지면 동점도(動粘度)가 감소해서 도리어 난류가 일어나기 쉬워진다.

## 세포 내 물의 상태

세포의 구조를 보여주는 <그림 34>를 다시 한번 보자. 세포 내의 용액 부분인 세포질에는 생체 고분자와 $K^+$이온, $Cl^-$이온, 당 등이 녹아 있다. 그리고 세포막은 세포 전체를 감싸고 있을뿐만 아니라 미토콘드리아, 세포기관 또한 막으로 감싸여 있다. 세포 내의 물의 상태는 이들 물질과의 상호작용에 의해서 결정된다.

위에서 말한 구조온도에 의해서 세포 내의 물에 관한 지식을 대충 이해할 수 있다. 예시로 <표 10>을 보자. 이 표는 어느 구조의 경우든 구조온도가 (-)이고 물분자가 같은 온도의 증류수 속 물분자보다 움직이기 어려운 상태에 있다는 것을 보여주고 있다.

| 생체 조직 | 구조온도(℃) |
|---|---|
| 쥐의 뇌 | -3.4 |
| 개구리의 근육 | -4.0 |
| 개구리의 간장 | -8.9 |
| 누에의 알 | -8.6 |

**표 10** | 세포 내 물의 상태

　더욱 상세한 연구 결과에 의하면 세포 내 물의 상태도 단백질 주위의 물의 상태와 거의 같다는 것을 알게 되었다.

　즉 세포 내의 생체 고분자나 세포막에 직접 접해 있는 물분자의 상태는 B층과 같다. 그리고 C층은 존재하지 않는다.

　A층과 B층의 물분자의 회전 열운동은 각각 $10^{-6}$초와 $10^{-9}$초 정도였다. 이들 물분자는 물론 세포 내를 활발하게 돌아다니고 있다. 그 속도는 B층에서 $10^{-9}$초 정도이다. 또 A층과 B층의 물분자는 바꿔 들어갈 수 있는데, 거의 하루가 걸린다. 이 바꿔 들어가는 운동은 생체 고분자에 대해서 직각 방향의 운동이다. 생체 고분자 표면 또는 세포막 표면을 따라서 움직이는 운동도 있는데 이 운동을 하는 쪽이 약간 빠르다.

### 몸속에서 물이 순환하는 속도

사람의 체내에서 하루 동안 재생되는 물의 양은 180ℓ인데, 그렇다면 물은 대체 어느 정도의 속도로 몸속을 순환하는 것일까?

이 속도를 측정하려면 물에 표시하고, 그 물이 몸속을 돌아다니는 속도를 조사하면 된다. 편리하게도 물에는 여러 가지 종류가 있다. 이 목적을 위해서 편리한 것이 중수($D_2O$)다.

시로버가 한 실험은 다음과 같다. 흰 쥐에 약 0.5%의 중수를 주사한 다음 3, 5, 10, 15, 20, 30분 후에 뇌와 심장, 근육의 HDO(중수소의 일부는 수소와 바뀌므로 중수는 이런 조성의 물이 된다)의 농도를 조사하면 모든 조직이 약 10분 후에 최대 농도에 이르며 그 후 조금 줄어들고 약 20분 후에는 일정한 값을 나타낸다.

이 실험으로 물이 체내를 순환하는 속도는 쥐에서는 20분 정도라는 것을 알게 되었다. 이 속도는 동물의 크기나 종류에 따라 다르지만, 사람이라면 기껏 40분 정도면 몸속을 순환한다.

이 실험에 따르면 물은 혈액과 섞여서 몸속을 돌다가 혈관에서 세포외액으로 들어간 다음 세포막을 통해서 각 조직의 세포 속으로 들어간다는 것을 알게 된다.

혈관이나 세포막을 통과할 때, 물을 떠밀어주는 힘은 삼투압 등 다른 능동수송도 있는 것 같다.

이렇게 해서 물은 항상 세포를 드나들고 있다. 그리고 체내로 물이 돌아가는 속도는 세포막을 통할 때의 속도에 따라 정해지는데, 이 속도는 막 안팎의 물의 구조에 영향을 받는다. 막 내의 소수성 수화는 막 표면의 극성기 수화보다 물의 통과에 큰 저항을 보인다. 따라서 제논(Xe)과 같은 불활성기체가 세포막에 흡착되면 물의 통과는 크게 방해를 받는다.

**노약 생사의 식별**

5장 서두에서 말했듯이 신생아와 성인의 체중 대비 물의 비율은 80%와 60%로서, 20% 정도 차이가 있다. 이 차이를 좀 더 자세히 살펴보자.

체액은 세포외액과 내액으로 나뉘는데, 외액의 양을 보면 30세쯤까지 감소했다가 그 뒤는 나이와 관계없이 거의 일정하다. 물의 총량은 나이와 더불어 감소하는 것이므로, 물의 감소는 결국 세포내액이 감소하고 있다는 것을 뜻한다. 이들 결과가 <그림 41>이다.

헤즐우드가 쥐 근육 내 물의 열운동을 측정해서 구조화(構造化) 정

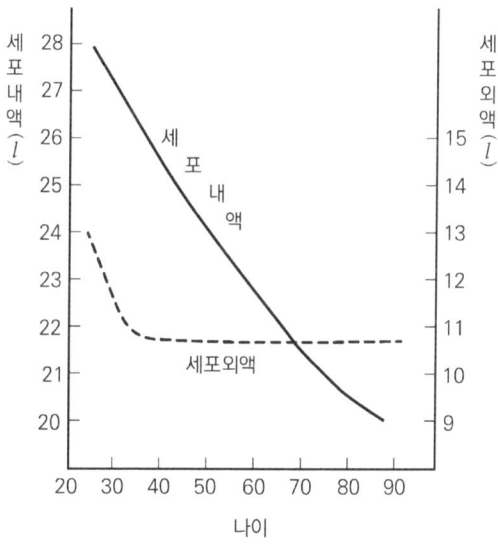

**그림 41** | 나이와 세포내액, 세포외액의 관계

도를 계산한 결과, 생후 갑자기 물의 구조화 정도가 늘어나 50일쯤에서 거의 일정해진다. 구조화가 늘어난다는 것은 세포 내에서 비교적 움직이기 쉬운 물의 비율이 적어진다는 것과 같다. 따라서 사람도 세포내액의 감소와 더불어 세포 내의 물의 구조화 정도가 늘어나는 것으로 결론지을 수 있다.

구조화 정도가 늘어나면 첫째로, 세포 내 물분자의 속박 비율이 높아지고 따라서 반응 속도에 대한 저항이 늘어난다. 반응 속도가 느려지면 세포 내 또는 세포를 통과하는 물질의 이동도 느려진다. 둘째로 외계 조건의 변화에 대한(이를테면 온도) 저항력이 증가한다.

바꿔 말하면 생체 내의 반응은 세포 내에서 행해지는 것이므로, 성장이 왕성한 유아기에는 물의 구조화 정도가 크지 않은 편이 유리하다. 그리고 성장이 정지된 노년기에는 외계의 자극에 대한 저항력을 늘여서 정상 상태를 유지하고 있다.

6장에서 말하겠지만 마취는 물의 구조 변화와 밀접한 관계가 있다. 스탕드레는 마취분만과 정상분만 한 신생아의 경우 태어난 지 3일 이내에 손발의 움직임 등 운동 능력을 비교해 보았다. 그 결과 마취분만으로 태어난 아기가 운동 능력이 뒤졌다. 이것은 모친보다 외부 자극에 대한 저항성이 낮다는 것을 여실히 보여주고 있다.

헤즐우드는 쥐를 죽여서 근육 내 물의 구조가 시간과 더불어 어떻게 바뀌는지 조사해 보았다. 그에 따르면 죽음 직후에서 2시간까지 물의 구조화 정도가 갑자기 감소하고 그 후부터 다시 구조화가 약간 늘어나다가 4시간쯤에서는 거의 일정해진다. 이와 같은 물의 상태 변화 양상은 사후경직(死後硬直)이 일어나는 상태와 매우 흡사하다. 죽음으로 육체의 생리 상태가 변화했다는 것을 물분자는 인식할 수 있는 것이다. 따라서 이 분야의 연구가 더 진보되면 생리적인 죽음이라는 것을 좀 더 자세하게 알 수 있게 될 것이다.

이처럼 물분자의 열운동으로 생물이 젊었느냐 늙었느냐? 또 살아 있느냐 죽었느냐는 것을 식별할 수 있다.

**비슷한 적혈구와 암세포**

적혈구와 암세포는 좀 괴상한 짝맞춤이라고 생각할지 모르지만, 실은 이 두 세포는 공통점을 가지고 있다. 즉 세포 내의 물의 성질이 닮았다.

또 적혈구는 핵이 없는 세포이며, 암세포는 증식을 멈출 줄 모른다는 의미에서 모두 여느 세포와는 다르다.

지금까지 말한 세포는 보통 세포로서 그 속의 물의 열운동이 증류수에 비해 매우 느리고 구조화되어 있었다.

적혈구는 그 속에 헤모글로빈 등의 단백질과 지방질, 포도당, 이온 등을 포함하고 있으며, 물의 양은 72%다. 세포 내 물의 열운동 상태를 살펴보면 단백질 주위의 물의 상태는 <그림 37>과 같이 A층과 B층으로 이루어지는데, 나머지 대부분의 물은 묽은 전해질 수용액 속 물, 즉 증류수 속 물분자의 열운동과 거의 같다. 즉 다른 세포에 비해서 물의 구조화 정도가 낮다. 물은 세포막을 통해서 항상 드나들고 있는데, 혈구 내의 평균 체재 시간은 0.017초 정도로 매우 짧다.

적혈구의 가장 중요한 역할은 잘 알려져 있듯이 몸속의 세포에 산소를 공급하고 일산화탄소를 제거하는 일이다.

보통 상태의 적혈구는 한가운데가 약간 오목한 원판상(圓板狀)을 하고 있는데, 이 형태는 쉽게 변형되기 때문에 아무리 가느다란 모세관이라도 자유로이 통과할 수 있다. 만약 적혈구 내의 물의 구조화 정도가 보통 세포 정도라면 첫째로 혈구 내 산소의 이동 속도가 느려지고, 둘째로 혈구의 변형이 더 느려져서 모세관을 통과하기가 곤란해질 것이다. 따라서 빈혈을 일으키게 될 것이 분명하다. 사람 적혈구의 체내 수명은 120일이며, 세포의 안전성을 어느 정도 희생해서라도 산소 공급이 잘될 수 있게 되어 있을 것이다.

다마디안이 1971년 암세포의 물의 열운동을 측정했는데 정상적인 세포에 비해서 매우 빠르다는 것을 알았다.

그 이유는 물의 구조를 파괴하는 $K^+$이온이 정상 세포에 비해서 많기 때문이라고 생각했다. 그런데 그 후 상세히 연구했더니 $K^+$이온 양이 특히 많지는 않았다. 그 후 정상 세포와 비교해서 물이 많다는 설이 발표되었지만, 열운동의 차이를 설명할 수 있을 만큼 많지는 않다는 것을 알았다. 현재는 왜 물분자의 열운동이 빠른지 충분히 밝혀내지 못하고 있다.

다만 암세포는 항상 증식을 계속하고 있으므로 그 속의 반응이 활발하게 진행되고 있다. 따라서 암세포는 항상 젊고 그 때문에 물의 구조화 정도가 낮아진다.

　암세포(종양)와 정상 세포에서는 물의 성질이 다르다는 점을 이용해서 최근 초음파 흡수와 핵자기 공명에 의한 암 진단이 행해지고 있다. 이들 두 가지 방법은 X선과는 달리 인체에 해가 없다는 이로운 점이 있다.

　그런데 세포 내의 구조화된 물의 역할 중 하나가 보호 작용이다. 구조화 정도가 낮은 경우 특히 열에 약하다. 암세포가 열에 약하다는 것은 전부터 알려져 있었고, 1866년 암을 43℃ 전후로 가열해서 치료했던 예가 있다. 최근 암을 가열 치료하는 방법이 다시 주목받고 있으며, 손발의 혈액을 43℃로 가열하는 온열요법 등이 행해지고 있다. 또한 암세포는 저온에서도 약하다. 이에 대해서는 뒤에 다시 설명하겠다.

## 동면과 휴면

3장에서 말했듯이 물속을 이온이나 저분자가 이동할 경우, 그 속도가 주위의 물의 상태에 따라 영향을 받는다. 그런데 세포 내의 물이 구조화되어 있으므로 세포 내의 물질 이동이 느릴 것이다. 이것은 생체 내의 반응 속도가 희박용액 속에서 일어나는 경우보다 느리다는 것을 뜻한다.

　겨울이 되면 나무는 호르몬 작용으로 적당한 건조 상태가 된다. 따라서 세포 내의 수분도 적어지고 물의 구조화가 한층 진행된다. 그래서 나무 속의 신진대사는 극단적으로 억제되고 휴면한다. 이런 상태의 물은 <그림 37>의 A층 상태에 가까우며, -50℃에서도 얼지 않는다. 이처럼 나무는 성장에 불편한 조건 아래서는 휴면에 들어감으로써 생존을 계속한다. 만약 건조하지 않으면 기온이 많이 내려갔을 때 세포가 얼어 나무가 죽어버리고 만다. 휴면은 저온뿐 아니라 고온에서도 일어난다는 것이 알려져 있다.

식량 문제는 장래의 인류 생활에 있어서 점점 더 중요한 과제가 되고 있다. 1976년과 같은 냉해는 앞으로도 자주 일어날 것이다(6장 참조). 이런 의미에서 식물의 내한성은 식량 증산과도 밀접한 관계가 있다.

식물의 내한성도 앞서 말한 것으로 쉽게 추정되듯이 물의 구조화와 관계있다. 내한성에 관해서는 두 가지 상반되는 작용이 문제가 된다.

만약 건조가 진행되어 휴면에 들어간다면 식물의 생육은 거기서 멎는다. 저온에서도 식물이 생장하기 위해서는 휴면에 들어가지 못하게 해야 하며, 더구나 세포가 얼지 않도록 해야 한다. 지금까지 내한성 연구는 너무 식물학적인 측면에서만 이루어졌고 물의 구조라는 관점에서 생각한 일은 없었던 것 같다. 최근 문제가 되는 성장촉진제는 물의 구조 변화와 관계되고 있다는 것이 지적되고 있다.

파충류나 포유류 일부가 동면한다는 것은 잘 알려진 일이다. 식물의 경우에는 건조 상태가 됨으로써 물의 구조화를 높인다. 한층 고등한 생물은 이런 상태가 되면 죽어버린다. 물의 구조화를 높이는 또 하나의 방법은 체온을 내리는 일이다. 실제로 동면 중인 동물의 체온은 30℃ 정도로 내려가 있다(이 온도에 대해서는 6장 참조). 그러므로 동면 중인 동물의 신진대사가 느려진다. 체내 물의 구조화 증대는 동면의 유일한 원인이 아니지만 필요한 인자 중 하나다.

따라서 생체 내의 물의 구조화는 생체 반응을 억제하는 방향으로 작용한다.

**중수의 생리작용**

지금까지 말한 생체 내 물의 역할을 요약해 보면 다음과 같다.

물은 단백질이나 효소 분자가 저마다의 특유한 기능을 발휘하는 데 필요한 고차 구조를 만들며 이것은 생명을 유지해 나가기 위해 본질적으로 중요하다. 물이 없으면 이런 고차 구조를 이룰 수가 없다.

다음 생체 고분자의 고차 구조는 그 주위를 둘러싸고 있는 물의 망토 작용이며 외부 조건(온도나 전해질 농도의 변화 등)이 다소 변화하더라도 계속 일정하게 유지되고 있다. 만약 어떤 원인으로 세포 내 생체 고분자의 구조가 조금만 바뀌어도 물분자는 배열 방법과 열운동을 바꿔서 필요한 상대에게 그 정보를 전달할 수 있다.

물에 전해질이나 알코올, 설탕 등을 녹이면 저마다의 용질(溶質) 분자에 대해서 물분자는 다이내믹(動的)한 응답을 한다. 다이내믹이란 말이 가리키듯이 물분자와 용질 분자가 존재하면 그 작용이 강화되거나 약화되거나 한다. 이 물분자의 다이내믹한 응답은 생체 반응에서도 매우 중요하다.

세포 내의 반응 속도는 세포질(물)의 구조화 정도에 따른다. 즉 물의 구조화 정도가 낮으면 반응이 활발해지고, 구조화 정도가 강하면 반응이 억제되며 구조화가 더 진행되면 반응을 정지한다.

여기서 2장에서 간단히 언급했던 중수의 생리작용에 대해서 생각하기로 한다. 같은 물이라도 중수는 생물에게 해로운 작용을 한다.

중수($D_2O$)와 경수($H_2O$)의 가장 큰 차이는 중수의 끓는점과 어는점이 경수보다 조금씩 높다는 점인데, 이는 바로 중수 분자 사이의 힘(수소결합)이 경수보다 강하다는 뜻이다.

물속에서는 어떤 물분자의 수소 원자가 이웃 물분자로 이동해서 바뀌는 프로톤 교환(프로톤은 $H^+$이온을 가리킨다)이 항상 일어나고 있다. 그런 의미에서 물분자는 결코 화학적으로 안정된 화합물이 아니다. 따라서 $H_2O$ 속에 $D_2O$를 녹이면 H와 D의 교환이 일어나서 물속 대부분의 분자는 HDO라는 분자가 된다. 물론 $H_2O$와 $D_2O$의 양적 관계에서 어느 쪽 분자는 그대로의 형태로도 존재한다.

그런데 단백질이나 핵산, 당류 등의 생체 고분자는 이미 말한 것처럼 $-NH_2$, $-OH$, $-COOH$ 등의 기를 다량으로 포함하고 있다. 이들 기의 수소 원자는 모두 물과 프로톤 교환을 한다. 따라서 생물에게 $D_2O$를 주입하면 생체 내 물의 순환 속도가 빠르므로 몸속의 생체 고분자기의 일부분인 수소 원자가 D와 바뀌게 된다.

이처럼 $D_2O$를 주입하면 세포 내의 물의 구조화 정도가 커질뿐더러 생체 고분자와 물 사이의 상호작용도 강해진다. 그 때문에 세포 내의 생체반응이나 세포막을 통과하는 물질 이동이 느려진다.

물질 이동이 방해되면 결과적으로 신경의 전달 작용이나 산소의 공급이 억제될 것이다. 이들 현상은 모두 생물에게 해로운 작용을 한다. 고등한 생물일수록 복잡한 구조로 되어 있기 때문에 소량의 $D_2O$로도 치명적인 영향을 받는다.

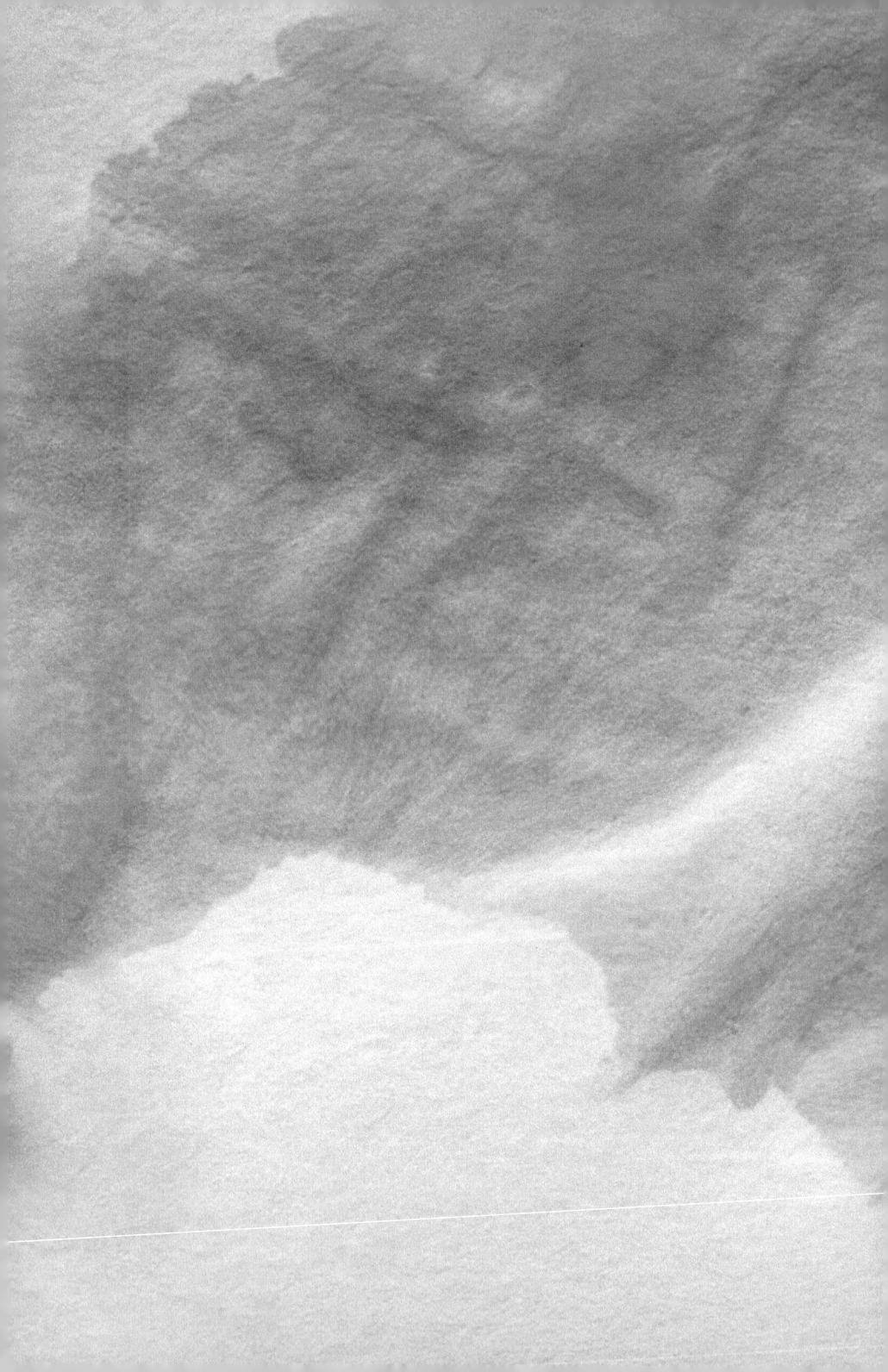

# 6장

# 마취와 온도

물과 융합하지 않는 소수성 분자는 물속 어디서 안식처를 찾아야 할까? 다행인지 불행인지 생물 체내에는 곳곳에(이를테면 단백질이나 세포막) 소수성 분자를 받아들이는 곳이 있다. 소수성 분자가 이런 곳에 정착하면 이번에는 그 주위에 물분자를 모아들여 그 운동을 멈추어 버린다. 그 때문에 생체 반응이 한때 정지된다. 이것이 마취다.

온도의 영향은 마취에 비해서 더 복잡하다. 온도가 높아지면 물분자의 열운동이 더욱 활발해지고, 온도가 낮아지면 물분자의 열운동이 느려진다. 어느 편이든 생물이 살아가는 데 어렵게 된다. 생물이 생존할 수 있는 적당한 온도 범위가 있다. 생물에게 15° 및 30°, 45°, 60℃는 위험한 온도다.

## 마취와 온도의 관계

마취는 인간의 아픔을 억제하거나 의식을 잃게 할 수 있다. 다른 동물에 대해서도 마취제는 똑같은 작용을 한다. 그러나 한층 하등인 동물은 고등동물과는 다른 작용을 한다. 온도 또한 마취와 비슷한 작용을 한 측면이 있다. 예를 들면 동면은 체온의 저하에서 일어난다.

물론 마취와 온도의 영향은 비슷한 점 이외에 다른 면도 많다. 그러나 이들의 영향 아래서 나타나는 여러 현상의 원인을 살펴보면 하나의 공통점이 발견된다. 즉 물의 구조 변화가 그것이다.

지금까지 반복해서 설명했듯이 물의 구조화는 물에 녹은 물질에 따라서, 또 온도 변화에 따라서도 일어난다. 그리고 구조온도라는 개념이 가리키듯이 물에 대한 영향은 용질의 작용이라는 면에서 닮았다. 그러나 구조온도는 물질에 의해서 결정되지만, 온도는 임의로 바꿀 수가 없다.

마취와 온도가 생물에게 주는 생리작용은 이처럼 닮은 면과 다른 면이 있음을 알게 될 것이다.

또 한 가지 중요한 점은 생물에게는 셀 수 없을 만큼 많은 틈 사이가 있다. 이 틈 사이에 있는 물은 이상한 성질을 지니고 있다. 그 한 가지는 이미 4장에서도 말했듯이 온도에 의한 변화는 지극히 독특한 양상을 보인다는 것이다. 그리고 이 특이한 행동은 생물에게 매우 큰 영향을 준다는 것이 드로스트 한센에 의해서 제시되었다. 그는 수백에 이르는 방대한 데이터를 상세히 조사해서 이런 결론에 이른 것이다.

## 불활성기체의 성질

넓은 뜻으로 불활성기체는 헬륨(He), 네온(Ne), 아르곤(Ar), 크렙톤(Kr), 제논(Xe)과 같은 희유기체 외에 메테인 등의 탄화수소도 포함된다.

이들 기체는 이름이 가리키듯이 일반적으로 반응하기 어렵다. 특히 희유기체는 매우 안정되어 있어 보통 조건에서는 어떤 화학 변화도 받지 않는다. 따라서 희유기체와 다른 물질과의 작용은 모두 물리적인 것이다. 이미 말한 것처럼 희유기체 중에서 헬륨과 네온을 제외한 다른 가스는 기체 수화물을 만든다.

아르곤과 크렙톤은 I형의 수화물을 만들며, 제논은 큰 분자이므로 I형 또는 II형의 수화물을 만든다(<그림 32> 참조). 기체 수화물의 1분자당 조성은 각각 $Ar \cdot 5H_2O$, $Kr \cdot 5H_2O$, $Xe \cdot 7H_2O$이다.

기체 수화물의 0℃에서의 해리압(解離壓)을 보면, 아르곤은 98.5기압, 크렙톤은 14.5기압, 제논은 1.15기압으로 제논이 가장 기체 수화물을 잘 만든다.

다음 물에 대한 용해도를 보면 헬륨, 네온, 아르곤, 크렙톤, 제논의 차례대로 커진다. 용액 속 어떤 분자 주위의 물의 상태는 물분자의 배열 정도와 열운동에 의해서 결정된다.

이 두 개의 값을 바탕으로 희유기체 수용액을 비교해 보면, 헬륨 주위의 물분자 배열 정도는 증류수 속에서보다 난잡하며 또한 열운동이 더 맹렬하다. 즉 부수화를 하고 있다. 그러나 아르곤이나 크렙톤, 제논 주위의 물분자는 증류수 속에서보다 움직이기 어렵고, 열운동은 더 느리다. 그리고 이들 희유기체 주위의 물의 배열은 증류수 속에서보다 규칙적인 상태에 있다. 따라서 아르곤이나 크렙톤, 제논은 소수성 분자와 같은 성질을 가지고 있다는 것을 알 수 있다.

크렙톤이나 제논을 미오글로빈이나 헤모글로빈과 같은 단백질 수용액에다 녹이면 증류수 속에서보다 잘 녹는다. 이것은 단백질 분자와 희유기체 사이에 어떤 상호작용이 일어나서 희유기체가 단백질에 붙잡히고 그만큼 여분으로 녹아 있다는 것을 가리키고 있다.

그리고 X선 해석에 의하면 희유기체 분자는 단백질의 소수 부분에 묻혀 있다. 이것은 단백질과 희유기체 사이에 소수성 상호작용이 일어나고 있다는 것을 보여주고 있다.

여기서 특히 주목할 것은 부수화를 하는 헬륨은 기체 수화물을 만들지 않고 소수성을 보이는 아르곤이나 크렙톤, 제논이 기체 수화물을 만드는 것처럼, 불활성기체 분자 주위의 물 상태와 기체 수화물 사이에 좋은 상관성이 있는 점이다.

**가스 마취**

마취에는 마취약을 사용하는 국부마취와 침술에 의한 마취 등 여러 방법이 있는데, 여기서 다른 것은 가스 마취다.

기체 수화물의 X선 해석이 시작된 해와 마침 때를 같이해서 1950년 전후부터 불활성기체(희유기체)의 마취 작용이 주목을 끌게 되었다.

예를 들면 1951년 크라스나와 그로스는 크렙톤과 산소를 4:1의 비율로 섞어 수 기압 아래에서 쥐와 토끼에게 15분간 흡입시켰다. 그랬더니 쥐와 토끼에게는 몸의 반사가 없어지거나 아픔에 대한 반응이 둔해지거나 호흡 속도가 느려지는 등의 현상이 나타났다. 이것은 분명히 마취에 걸렸다고 인정할 수 있다. 그런데 사람에게는 큰 효과가 없었다.

제논과 산소를 7:3의 비율로 섞어 1기압에서 사람에게 3분간 흡입시키면 3분간 지각을 상실하고, 흡입을 멈추면 2~3분 후에, 마취에서 회복되었다.

예를 들면 제논은 에테르처럼 마찰대전(摩擦帶電) 등에 의한 불꽃으로 인화해서 폭발할 위험성이 전혀 없어서 극히 안전한 마취제다. 그러나 지구 위에는 희유기체가 조금밖에 존재하지 않기 때문에 값이 꽤 비싸다. 그래서 제논을 실제로 쓰고 있지 않았다.

대부분은 마취 가스로서 잘 알려진 클로로포름이나 에테르 등이 사용되고 있다. 이들 기체도 마찬가지로 기체 수화물을 만든다.

크렙톤이나 제논처럼 다른 물질에 대해서 반응성을 갖지 않는 물질이 이런 마취 작용을 보인다는 것은 이상한 일이었다. 그래서 이들 기체가 항상 기체 수화물을 만든다는 성질에 주목해서 1961년에 프랭크스와 밀러가 독립적으로 희유기체에 대한 마취 작용 이론을 제안했다. 세포막 표면이나 생체 고분자 주위의 물은 구조화된 상태에 있고 표면에서 멀어짐에 따라 질서화하는 정도가 감소한다.

호흡으로 흡수된 희유기체가 뇌로 운반되면, 이들 분자는 신경세포의 세포막이나 단백질 분자 소수 면에 접해 있는 물의 구조의 빈 구

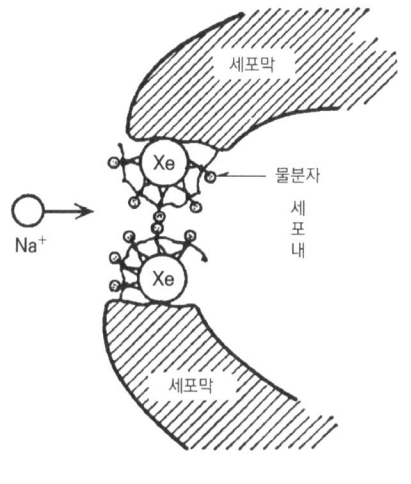

**그림 42** | 마취 상태

멍 속으로 끼어들어, 주위 물분자의 열운동을 억제한다. 즉 물의 구조화 정도를 높이는 작용을 한다.

그래서 뇌 조직의 전기 저항이 늘어나고 세포막이 딱딱해져서 막의 구멍이 불활성기체(희유기체)로 마개를 한 것과 같은 상태가 된다(<그림 42> 참조). 그러므로 신경 전달을 방해한다. 통증 등의 자극은 신경섬유 안팎의 이온이 드나듦으로 전해진다. 그 결과 마취가 일어난다.

실제로 제논이나 사이클로프로페인(불활성기체의 일종으로 마취 작용을 가지고 있다)을 장막에 흡수시키면, 막을 통과하는 물의 투과율이 감소한다는 것이 발견되었다. 이 원인은 앞서 말한 것과 마찬가지로 제논이나 사이클로프로페인에 의한 막 내부의 구조화 증가에 의한 것이다.

또 개구리나 쥐를 마취시켜 근육 속 물의 상태를 조사한 실험에 따르면 마취된 쪽이 물의 구조화 정도가 늘어나 있다. 이렇게 해서 불활성기체의 마취 작용은 세포 내 물의 구조화 정도가 늘어나는 것과 밀접한 관계가 있다.

**세포의 증식을 멎게 한다**

온도와 습도를 일정하게 유지하고 적당한 영양분을 주면, 세포를 시험관 속에서 배양할 수 있다. 배양되고 있는 세포는 분열해서 증식한다. 지금 증식 중인 붉은빵곰팡이나 헬라세포(1952년 미국에서 헬라라는 여성의 자궁암 조직에서 분리한 세포, 여러 가지 연구에 널리 사용되고 있다)에 제논 등의 불활성기체를 작용시키면 증식을 멈춘다. 그리고 불활성기체를 제거하면 다시 세포분열을 시작한다.

불활성기체가 세포 증식을 정지시키는 작용은 마취 작용에 비례한다. 마취 작용의 정도는 마취압(麻醉壓)으로 나타낸다. 즉 마취 작용이 강한 기체는 마취압이 낮다. 마취압이 낮은 기체는 낮은 압력으로 붉은빵곰팡이나 헬라세포의 증식을 멎게 한다. 이 결과는 어떤 기체가 마취 작용을 하는지 아닌지를 마취 실험을 하지 않더라도 세포분열이 멈추는지를 관찰함으로써 알 수 있다. 더 일반적으로는 그 기체 수용액의 성질에서 추측할 수 있다.

생물의 발전 단계에 따라 나타나는 영향과 방법이 달라지는데, 마취 작용을 하는 불활성기체는 세포 내에 있는 물의 구조화를 늘림으로써 생체 내의 물질 이동을 방해하는 작용을 지니고 있다.

잠수부나 지하 터널을 파기 위해 잠함(潛函) 내에서 공사를 하는 사람들은 수 기압 아래서 작업을 한다. 작업이 끝나고 갑자기 상압(즉 지상)으로 되돌아오면 사지의 관절에 격통을 느끼고 구토증이나 현기증 등이 일어나 죽을 수도 있다. 이것은 잠수부병 또는 잠함병이라고 불리며, 고압 아래서 혈액이나 조직에 녹아든 공기 속 질소가 감압에 따라 체내에서 기포(氣泡)가 되어 혈관을 막기 때문에 일어난다.

잠함병을 방지하려면 서서히 강압해야 한다. 강압 시간은 도달했던 심도와 거기서 보낸 시간에 따라 결정된다. 고압의 질소도 약한 마취 작용을 보인다. 그리고 소수성도 가지고 있으므로 지방에 녹기 쉽다. 그래서 비만한 사람은 이런 직업에 위험하다.

헬륨은 마취 작용을 하지 않으며 또 혈액에 대한 용액도가 낮으므로(헬륨은 오히려 부수화를 하기 때문에) 질소에 비해 잠함병을 일으킬 위험성이 적어 질소 대신 쓰일 때가 있다.

### 나무가 장승처럼 말라 죽는 원인은?

오염이 심해지고 있다. 이들 오염물질 속에는 일산화탄소, 사염화탄소, 메테인, 프레온 등의 기체가 포함되어 있는데, 빗방울에 녹아 흙이나 바닷물로 들어간다. 최근의 연구에 따르면 빗방울이나 바닷물 속에서 이들 기체의 농도가 짙어지고 있다. 이 기체들도 기체 수화물을 만든다.

흙속에는 좁은 틈 사이가 무수히 있고 더구나 토양 표면의 물은 구조화되어 있다. 식물은 흙속의 물이나 여러 가지 양분을 뿌리에서 빨아올리고 있다. 이 흙속에 위에서 말한 기체가 녹아 빗물이 스며들면 흙 틈 사이 물의 구조화 정도가 한층 두드러질 것이다. 그 결과 식물이 물이나 양분을 빨아올리는 것이 방해된다.

틈 사이의 물의 구조화는 두 가지 면을 가지고 있다. 여름에는 뿌리에서 물을 빨아올리는 데 저항을 보이지만, 겨울에는 얼기 어려우므로 식물에 물을 공급해 준다.

그러나 구조화의 영향은 여름이 클 것이다.

이 영향을 가장 받기 쉬운 것은 생징에 오랜 세월이 걸리고, 하루 190ℓ나 되는 물이 필요한 나무다. 나무가 장승처럼 선 채로 말라 죽는 원인으로서 지금까지는 주로 대기 속 $NO_2$ 등의 산화물이 생각되고 있었는데 화학적으로 불활성기체의 영향도 고려해야 한다.

이들 기체의 영향은 지극히 완만하게 나타나므로 눈에 띄었을 때는 이미 시기가 늦고 그만큼 다루기 힘들다.

최근 어떤 심해어의 부레 속에서 산소의 결정 수화물이 발견되었다. 증류수에 녹였을 경우 산소의 결정 수화물은 -10℃, 약 110기압 아래서 생성되기 때문에 이런 사실은 놀라운 일이다.

일산화탄소나 메테인, 사염화탄소 등은 산소에 비해 쉽게 결정 수화물을 만든다. 예를 들면 일산화탄소는 0℃, 12.4기압이고, 메테인은 -0.2℃, 25.3기압에서 결정 수화물을 만든다.

바닷물 속의 압력은 10m를 내려갈 때마다 1기압이 늘어나므로 이들 압력은 심해어가 살고 있는 영역에서 경험할 수 있는 압력이다(심해어는 해면 200m 이하에 살고 있는 물고기를 말한다). 또 이들 기체는 모두 마취 작용을 하고 있다.

소수성인 기체가 바닷물에 녹으면 물고기의 단백질이나 세포막 소수 부분에 쉽게 붙잡혀 물고기 체내에서 농축화(濃縮化)가 일어난다. 따라서 바다의 오염이 진행되면 물고기 체내에 이들 기체의 결정 수화물이 만들어질 가능성이 생긴다. 이렇게 해서 물고기는 죽음에 이르게 된다.

기름 따위에 의해 바다의 오염은 비교적 눈에 잘 띄지만(기름 일부는 물론 바닷물에 녹으므로 마찬가지 영향이 있다) 눈에 띄지 않는 심해에도 죽음의 그림자가 다가서고 있다.

불활성기체는 이른바 독물과는 달라 소량을 빨아들인 것만으로는 아무런 해가 없으며, 생물에 대한 작용은 극히 느릿하게 나타난다. 그런 만큼 매우 난처한 물질이다.

**사람은 몇 도에서 얼어 죽는가?**

온혈동물을 18~20℃까지 냉각하면 체온을 조절하는 기능을 잃게 되고 혈액도 만들 수 없게 되며 혈액의 호흡 기능이 저하한다. 장시간 이런 상태를 유지하면 이들 기능이 저하되기 때문에 뇌 조직에 산소가 부족해져서 결국은 죽고 만다.

그렇다면 사람은 몇 도에서 얼어 죽을까? '동사'란 얼어 죽는 것이라고 국어사전에 쓰여 있기 때문에 0℃ 이하가 아니면 죽지 않는 것으로 생각하는 사람도 있을지 모른다.

그러나 사람은 훨씬 높은 온도에서 죽는다. 체온이 27℃가 되면 동사(凍死)한다. 따라서 짧은 시간이라면 알몸으로 눈 속을 뛰어다녀도 괜찮겠지만 반대로 기온이 10℃ 정도일 때 술에 취해 추운 곳에서 잠이 들면 동사하는 수가 있다. 고대 중국 사람은 동사하는 것을 외기(外氣)가 체력보다 엄하기 때문이라고 했다.

『설원(說苑)』이라는 책에 백성에게는 다섯 가지의 죽음이 있는데 동사도 그중 하나로 꼽혔다. 그렇게 본다면 고대에는 얼어 죽는 사람이 많았던 모양이다. 그래서 동사의 원인에 대해서도 그만큼 예리한 관찰을 한 것 같다.

사람은 체온이 35℃가 되면 방향감각이 둔해지고 성격이 내성적으로 되며, 무슨 일을 망각하기 쉬워진다. 또 30℃에서는 무감각하게 되고 27℃에서 죽게 된다.

이런 사실에서 마취제를 쓰지 않고 체온을 내리기만 해도 마취가 일어날 것으로 생각할 수 있다. 저온마취는 보통 30℃에서 한다. 만약 에테르 마취를 병용한다면 20℃~15℃ 정도까지 체온을 내리더라도 죽지 않는다는 것이다.

## 틈 사이의 물과 온도 변화

4장에서 말한 것처럼 물속에서 합친 두 장의 유리판을 떼려면 분리압이 필요하다. 퍼킨스와 돌링거는 분리압이 온도에 따라 어떻게 변화하느냐를 조사했다. 그 한 예가 <그림 43>이다. 세로축에 분리압, 가로축에 온도를 눈금으로 새겨두었다. 분리압은 온도에 따라 늘었다가 줄었다 하는데, 가장 주목해야 할 특징은 15 및 30, 45, 60°C 부근에서 극댓값(極大値)을 가리키는 일이다.

이 실험은 증류수에 유리판을 맞붙여서 한 실험이다. 그리고 분리압이 생기는 원인은 유리 표면의 물의 구조화에 의한 것이었다. 따라서 그림과 같이 분리압이 온도에 따라 두드러지게 변화하는 원인도 물의 구조 변화에 의한 것으로 생각해도 될 것이다.

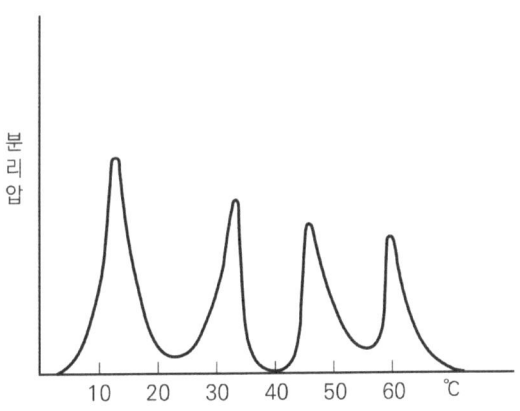

**그림 43** | 두 장의 유리에 생기는 분리압의 온도 변화

온도 변화에 따른 수용액의 성질은 대부분 연속적이어서 이런 특징이 없다. 지금까지 알려진 것은, 예를 들면 물의 밀도가 4℃에서 최대가 되는 것처럼 어떤 성질이 어떤 온도에서 최댓값 또는 최솟값을 가리킨다는 식으로 나타내는 방법이다.

이것은 수용액의 모든 성질이 온도에 따라 연속적으로 바뀐다는 것을 뜻하는 것이 아니다. 얼음에서 물, 물에서 수증기와 같은 1차 변화에 비해서 수용액의 구조 변화는 2차 변화이기 때문에 그것을 나타내는 방법이 매우 근소하다.

그래서 이들 네 온도에서 수용액의 성질이 연속적으로 바뀌지 않고, 서로 차이가 있는지를 조사하려면, 온도 간격을 1℃씩 두는 등으로 세분해야 한다(지금까지 한 측정은 대개 10℃씩 간격을 두는 식으로 크게 잡고 있었다). 그리고 극히 높은 측정밀도가 요구된다. 이런 연구는 비상한 노력이 뒤따라야 하며 더욱이 힘이 드는 일이다.

온도에 관한 흥미로운 사실이 있다. 1920년대까지 용액 연구의 중심은 유럽(독일, 영국 등)이었다. 이 무렵까지 용액의 성질은 거의 18℃에서 연구되고 있었다. 그런데 1930년대부터 미국에서 용액 연구가 활발해짐에 따라 측정온도는 25℃가 되었다. 현재는 실험할 때 25℃에서 하는 것이 보통이다. 만약 1년 내내 실험을 할 경우 25℃라는 온도는 일본 같은 곳에서는 북해도나 동북 지방 이외에 있는 연구자에게는 너무 낮아서 불편하다. 즉 7, 8, 9월, 석 달은 기온이 높아져서 간단하게 실험할 수 없게 된다.

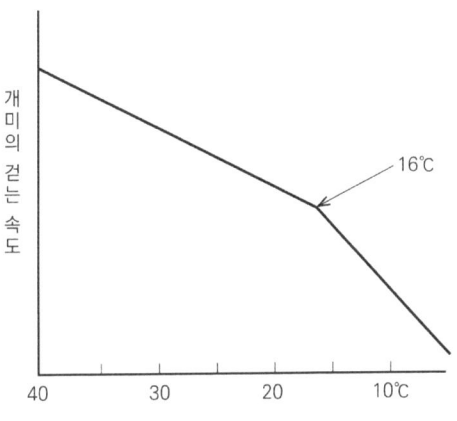

**그림 44** | 개미의 걷는 속도와 온도의 관계

계면(界面)의 물은 계면에서 충분히 떨어져 있고 그 영향이 없는 상태에 있는 물에 비해서 훨씬 규칙적으로 배열되어 있으며, 더구나 그 영향이 멀리까지 미치고 있다. 그래서 온도에 따라 배열 방법이 아주 조금만 바뀌더라도 그 영향이 증폭되어 나타나는 것이 아닌가 생각된다.

그런데 생체의 몸에는 셀 수 없이 많은 틈 사이가 체액으로 채워져 있다. 두 장의 유리판의 분리압이 온도에 따라 이렇게 두드러진 변화를 하는 것이라면 틈 사이 물의 다른 성질도 비슷한 변화를 하는 것이 아닐까. 만약 그렇다면 생물에게 온도는 결정적인 영향력을 가진 것임이 틀림없다.

드로스트 한센은 10년 전쯤 전부터 계면에서의 물의 구조 변화에 주목했다. 그 결과 생리현상 변화에 대한 방대한 데이터를 해석하고 다음과 같은 흥미로운 결론에 도달했다. 즉 15℃, 30℃, 45℃, 60℃는 생물에게 바람직하지 못한 온도로서 이들 온도 전후에서 생리현상은 불연속적으로 변화한다. 다만 여기서 주의할 점은 이들 네 온도는 대체적인 기준이며 각각의 온도를 중심으로 해서 1~2℃의 폭이 있다.

## 생명에 위험한 15, 30, 45, 60°C

사람은 체온이 27℃가 되면 동사하는 반면 체온이 45℃가 되어도 죽는다. 이 두 온도는 위에서 말한 온도와 일치하고 있다.

<그림 44>에서 개미가 걸어가는 속도의 온도 변화이다. 16℃인 곳에서 보행 속도가 갑자기 느려진다.

딸애가 초등학교 4학년 때 큰 파리를 모아서 유리병 속에 넣고 이것을 밖에서 냉각시켜 파리의 운동을 관측한 일이 있었다. 이것은 '곤충의 성장이나 활동 상태가 외부 온도에 따라 변화한다는 것을 이해하게 한다'라는 교과 내용으로 되어 있었기 때문이다. 딸아이의 관찰에 따르면 15~20℃에서 파리는 날지 못하게 되어 병 바닥에 떨어지게 된다는 것이었다. 책방에 가서 과학 참고서를 잠깐 펼쳐보았더니 10~15℃에서 날지 못하게 된다고 쓰여 있었다. 파리 또한 개미와 마찬가지로 15℃ 전후에서 운동이 둔해진다.

대합조개의 섬모운동(纖毛運動)은 약 15℃에서 갑자기 느려지고, 산소 소비 또한 15℃에서 급격하게 적어진다. 토끼의 산소 흡입은 30℃

이하에서 감소한다. 기니피크와 쥐의 심이(心耳) 흥분은 28℃에서 갑자기 쇠약해지고 16℃에서 심이 활동이 멎는다.

다음 식물의 예를 보자. 니시야마(西山岩男)는 식물생리학적(및 병리학적) 전환점이 있다는 것을 발견했다(그는 이 결과와 원인이 물의 구조 변화에 바탕을 두고 있다는 견해를 드로스트 한센과 독립적으로 발표했다).

그는 과실에서는 바나나, 오렌지, 레몬, 사과 등, 채소에서는 콜리플라워, 순무, 토마토, 오이, 피망, 고구마 등의 조직이 15℃ 이상에서는 안전하지만 10℃가 되면 분명히 상해(傷害)를 입는다고 말했다.

또 수돗물의 맛과 온도 관계를 조사한 히라오(平尾管雄)에 따르면 약 70℃와 13℃의 물이 제일 맛있게 느껴지고 30~40℃에서는 특히 맛이 없게 느껴진다고 한다.

분리압은 온도 변화와는 달리, 네 온도를 같은 생물이 경험할 수는 없지만 지금 말한 몇 가지 예로서도 알 수 있듯이 15℃, 30℃, 45℃, 60℃는 생물에게 적합하지 못한 온도. 여기에서 드로스트 한센은 이렇게 생각했다.

4가지 온도는 생물에게 적합하지 못한 온도이므로 진화 과정에서 생물은 선택적으로 연속적인 전이온도(轉移溫度)의 중간 점에서 살게 되었다. 예를 들면 온도 30℃와 45℃를 취하면 이 두 온도에서 포유류의 생활현상이나 운동에, 또한 생존에 있어 해로운 변화가 생긴다. 따라서 37~38℃에서 활동하는 것이 안전하다.

진화 과정에서 포유류는 생존을 위한 최적온도로 37~38℃를 택했

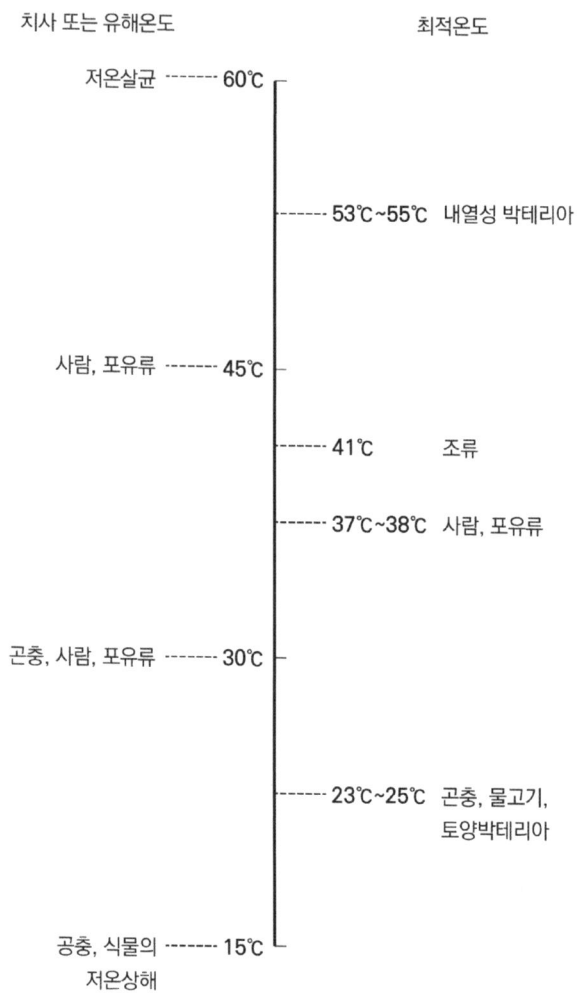

**그림 45** | 생물과 온도의 관계

다. 약 160종류의 포유류의 체온 분포를 보면 대부분 체온이 이 온도이다. 조류의 체온은 41.5℃인데 치사(致死)온도는 마찬가지로 45℃이다. 체온이 높은 것은 나는 데에 큰 에너지가 필요하기 때문이다. 날지 못하는 타조나 펭귄의 체온은 38~39℃다.

이상과 같은 결과를 정리해 보면 <그림 45>처럼 된다. 생존의 최적온도를 오른쪽에 유해 또는 치사온도를 왼쪽에 잡았다. 15℃ 및 30℃, 45℃, 60℃ 부근은 생물에게 해로운 작용이 나타나는 영역이다. 즉 온도에 대한 틈 사이 물의 이상성과 생물의 이상성 사이에 밀접한 관계가 있다.

### 생태학(ecology)

드로스트 한센의 이론은 생태학과의 관계에서도 극히 쓸모 있는 모델이다.

고등 생물에게는 생존을 위한 최적온도가 단 하나뿐이다. 그런데 미생물에서는 두 온도가 있는 경우가 발견되고 있다. 황산염 환원 박테리아는 24℃와 40℃ 부근에서 가장 적합한 활성(活性)을 나타낸다. 아마 다른 대사경로를 쓰는 것으로 생각된다. 이런 박테리아는 그 밖에도 몇 가지 있다.

다음 열오염과의 관계에서는 30℃라는 온도가 특히 중요하다. 예를 들면 광엽두(廣葉豆)의 소포자(小胞子) 발생 중에 미치는 온도의 영향을 조사한 베르슌의 연구에 따르면 염색체 이상은 30℃ 부근에서 가장 많이 일어난다.

30℃ 부근에서는 물 구조의 진동이 가장 두드러지고, 그 때문에 틈 사이의 물과 구조가 심하게 교란된다. 이 결과로 세포분열 과정에서 RNA-DNA의 유전정보 전달계에 작용하고 있는 물의 안전 작용도 교란된다. 따라서 이 온도 범위에서는 유전 전달이 뒤죽박죽되어 버린다. 염색체 이상의 발생은 이렇게 해서 설명된다.

그밖에 개구리알이 30℃ 부근에서 변태를 일으키는 비율이 갑자기 늘어나고 있는 등 많은 예가 있다.

마지막으로 기온과의 관계를 살펴보자. 1976년 12월 22일 일본 아사히(朝日)신문에 이런 기사가 실렸다.

밀란코비치의 이론에 따르면 기후가 변동하는 것은 지축의 경사, 세차운동, 공전궤도가 변화하기 때문이다. 그는 이 세 가지 요소의 변화로 지구가 받는 태양 에너지의 양이 어떻게 바뀌는가를 계산하고 그것에서 기온 변화 곡선을 도출했다.

헤인즈는 깊이 3,000m의 해저퇴적물 속 $^{18}O$의 분석 등으로 약 40만 년 전부터의 지구 기온 변화를 구했는데, 밀란코비치의 이론과 매우 잘 일치했다.

그 결과에서 현재의 간빙기(間氷期)는 약 9,000년 전 연평균 기온이 14℃인 무렵을 정점으로 해서 끝나가고 있으며, 지구는 다음 빙하기로 접어들고 있다. 그리고 평균 기온이 10℃까지 내려갈 것으로 예측된다.

15℃ 부근은 대부분의 식물에 저온상해가 일어나는 온도다. 기온

의 저하는 저온상해가 나타날 범위를 더 확대할 것이다. 생물에게 미치는 그 영향이 지극히 크다.

7장

저온생물학

저온생물학에서는 0℃ 이하의 저온에 있는 생물을 연구한다.

생물이 -190℃라는 가공할 만한 극저온의 조건 아래에서도 생명을 연장할 가능성이 조금이라도 있다면, 그것은 배타적이라는 약간 감정적인 표현을 사용할 계면(단백질)의 물 덕분이다. 혈액이나 정자, 또는 갖가지 생체조직의 동결보존 연구는 말하자면 저온에서 쉽게 정체를 잃어버리는 물분자의 비율을 적게 하고 계면의 물을 잘 사용하려는 저온생물학자들의 악전고투 이야기이기도 하다.

생물이 저온으로 냉각되었을 때 죽게 되는 것은 세포 안에 얼음이 생기기 때문이다. 따라서 얼음이 생기지 않도록 할 수만 있다면 혈액이나 정자는 살아 있는 상태 그대로 반영구적으로 보존할 수 있다.

반대로 얼었을 때 세포가 죽는 것을 이용한 동결 요법도 있다. 또한 적당한 수단을 쓰면 저온의 물은 회춘(回春)에도 사용할 수 있다.

## 저온생물학이란?

최근 교통사고 등으로 중상자가 비약적으로 늘어나고 있어, 그 대책과 중상을 입은 사람들에 대한 치료가 큰 사회 문제이다.

그런데 중상을 당하면 우선 필요한 것은 수혈이다. 그러기 위해서는 항상 필요한 혈액을 제공할 수 있도록 혈액은행이 완비된 것이 바람직하다. 그런데 혈액은 현재 헌혈로 모이고 있으므로 그 양이 충분하지 못하다. 그리고 수혈이라고 해도 혈액 자체를 수혈해야 할 경우 외에, 예를 들면 성분의 하나인 적혈구만을 환자에게 주어도 되는 성분수혈이 필요한 경우도 있다. 따라서 항상 혈액을 그대로 수혈하는 것은 혈액의 절대량이 부족하기 쉬운 현재, 효율적인 이용이라는 면에서 생각하더라도 실로 아까운 일이 아닐 수 없다.

이런 갖가지 요구에 따라 최근에는 혈액을 저온으로 보존한다. 그 밖에도 동물의 정자 또는 장기(臟器)의 저온 보존 등도 실현되고 있다. 또 냉동식품은 우리 생활과 친밀해졌다.

여기서 저온이란 0℃ 이하의 온도를 말한다. 0℃ 이하에서 생리현상이나 생체조직의 상태 변화 등을 연구하는 저온생물학이 최근 중요한 학문으로 발전하고 있다. 저온생물학의 몇 가지 문제는 필요에 따라서 연구되고 있는 정도이고, 현재로서 기술은 앞서 있지만 기초적인 연구는 뒤지고 있다.

저온생물학은 이제 말한 몇 가지 예로서도 알 수 있듯이 의학이나 농학, 식품공업, 공학 등 각 분야와 깊은 관계가 있다. 또 거기에는 중요한 사회 문제도 잠재한다.

　5장에서 말했듯이 생체 내의 물은 증류수와는 다른 상태에 있다. 그리고 용질이나 온도에 따라 여러 형태로 바뀐다. 물의 환경에 대한 이 적응성은 생물에게 중요한 의의를 지니고 있다. 0℃ 이하의 저온에서 생체 속의 물은 어떤 작용을 할까. 먼저 생체 속의 물이 몇 도에서 어는지를 알아야 한다.

## 세포 내의 물은 몇 도에서 어는가?

수용액이 몇 도에서 어는가를 조사하는 데는 그 속에 온도계를 넣어 측정하면 된다. 그러나 세포처럼 미세한 경우 그 속에다 온도계를 넣을 수 없으므로 다른 방법을 찾아야 한다. 예를 들면 물이 얼 때 잠열을 내므로 생체조직을 냉각해 가면서 이 잠열이 몇 도에서 방출되는가를 조사하면 된다. 또 물이 액체 상태에서 고체 상태로 바뀌면 열운동이 갑자기 느려지기 때문에 물의 열운동을 측정해도 된다.

　이런 방법으로 세포 내의 어는점을 조사한 결과 -10℃와 -80℃에서 어는 두 종류의 물이 존재하였다. 그리고 이 어는점은 동물의 세포에서나 식물의 세포에서도 같다. 이 결과는 5장에서 이미 말한 단백질 주위의 물의 어는점과 일치하고 있다.

　결국 -80℃에서 어는 물은 세포 내의 단백질, 기타 생체 고분자에 직접 결합해 있는 물(<그림 37>의 A층)이고, -10℃에서 어는 물은 세포질의 나머지 물(<그림 37>의 B층)이다. 강하게 속박되어 있고 질서 있게 배열된 물일수록 얼기 어렵다.

**생체조직의 동결**

예를 들면 적혈구를 드라이아이스(-75℃)나 액체질소(-196℃)로 냉각시켜 현미경으로 들여다보면 혈구가 파괴되어 시야 전체가 빨갛게 되어 있다.

적혈구가 파괴되는 원인 중 가장 중요한 것은 물의 영향이다. 액체에서 고체로 바뀔 때 물은 부피가 늘어나는 희귀한 물질의 하나다.

세포질은 -10℃에서 얼기 때문에 액체질소 등으로 냉각했을 때는 세포질 대부분의 물이 얼어버린다. 그리고 세포막은 물의 부피 팽창을 견뎌낼 만한 강인성이 없어서 파열되어 버린다. 또 세포의 바깥 물(지금 든 예에서는 적혈구를 녹인 물)은 얼기 때문에 짓눌려 꺼져버린다.

또 한 가지 작용이 있다. 이것은 비교적 서서히 얼렸을 때 나타난다. 냉각 속도가 느리면 우선 세포와 바깥 물이 언다. 이때 물만 얼기 때문에 세포액의 염 농도(塩濃度)가 높아진다. 즉 농축이 일어난다. 어느 정도 농축이 진행되어 세포 내의 염 농도보다 높아지면 삼투압 때문에 세포 내 물이 밖으로 나온다. 그래서 세포가 수축한다. 이런 상태에서는 세포 내의 단백질 따위는 탈수(脫水)나 기타 불가역적인 변화를 받아, 얼음을 녹여도 원상으로 되돌아가지 않는다. 세포 내의 물의 65%가 상실되면, 세포는 죽어버린다.

또 동결이 잘되더라도 얼음을 녹일 때 세포가 죽는 수가 있다.

일반적으로 세포를 동결할 때 해로운 온도는 세포의 종류와 관계없이 -10℃ 전후이다. 즉 세포질이 어는 온도다. 그리고 세포를 동결한 상태로 보존하는 데는 -80℃ 이하가 안전하다고 여겨지고 있다.

따라서 어떻게 해서 위험 온도를 빠져나가느냐는 점에 연구의 초점이 맞춰졌다.

세포가 죽는 것은 세포 내에 얼음의 결정이 생기거나 탈수화(脫水和)가 일어나기 때문인데, 냉각 속도가 빠르면 세포 내의 물이 과냉각인 채로 존재한다고 생각된다. 그러나 너무 빠르게 냉각하면 과냉각된 물이 얼어서 세포가 죽어버린다. 또 반대로 어는 것이 느리면 세포의 탈수가 일어나서 바람직하지 못하다. 그래서 최적 냉각 속도가 존재한다. 이 속도는 세포에 따라 다른데, 예를 들면 적혈구는 1분간에 1℃, 효모는 1분간에 7℃의 속도로 냉각해야 한다.

세포를 동결한 경우에 일어나는 손상의 원인은 아직 충분히 해결되지 못했다. 그러나 생체조직을 동결하더라도 세포가 죽지 않기 위한 가장 중요한 조건으로는 세포 내의 물이 얼지 않아야 한다는 것이라고 해도 좋을 것이다. 그러기 위한 여러 가지 방법이 제안되고 있다.

**정자의 동결**

정자(精子)는 광학현미경으로 보면, 생사를 쉽게 판별할 수 있으므로 정자의 동결 연구는 오래전부터 있었다. 또 정자의 보존은 증산과 품종 개량이라는 점에서도 매우 중요한 문제다. 예를 들면 종마(種馬)나

종우(씨받이소)를 운반하는 데 비한다면 동결 정자가 훨씬 수월하고 경비도 문제가 안 될 만큼 싸게 먹힌다.

현재 대부분 가축의 정자는 수십 년 이상 동결보존이 가능하게 되었다. 예를 들면 소는 1년간에 8,000마리가 인공수정으로 번식하고 있는데, 그중 수천 마리는 동결 정자에 의한 것이라고 한다. 정자의 동결보존이 가능해진 현재, 부모가 죽더라도 그 정자에 의한 번식이 이루어지고 있다.

그렇다면 정자의 동결보존은 어떻게 하나. 즉 정자 속 물의 성질을 어떻게 바꾸나.

그런데 물에 어떤 물질을 녹이면, 이 용질 분자 또는 이온과 접해 있는 물분자의 상태가 분자와의 작용 때문에 증류수 속 물분자의 상태와 달라진다. 즉 용질의 종류에 따라 증류수 속 물분자보다 움직이기 쉬워지거나 어려워진다.

첫째로 얼음이 생성되는 관점에서 본다면 물분자가 움직이기 어려운 편이 얼기 힘들다.

둘째로 물분자의 운동을 억제하는 물질 속에서 그것이 생체, 즉 세포 내에 존재하는 단백질 등의 상태에 변화를 주는 물질은 안 된다. 예를 들면 이미 말한 대로 소금 등의 전해질은 어느 농도 이상이 되면 단백질의 침전을 일으킨다. 따라서 중성(中性) 분자로서 생물에게 해를 주지 않는 것이 좋다.

셋째로 세포막을 자유로이 통과할 수 있는 물질이어야 한다. 예를 들면 포도당에는 D형과 L형의 두 종류가 있는데, D형은 세포막을 통과하지만 L형은 통과하지 못한다.

이렇게 생각하면 글리세린이 가장 적합한 물질임을 알 수 있고, 그 외에 포도당 등도 사용되고 있다. 이런 물질을 '동결보호 물질'이라고 부르고 있다.

실은 정자나 혈액의 동결보존 연구가들은 이런 생각 끝에 글리세린을 이용한 것은 아니었다. 오히려 우리 주변 가까이에 있는 물질을 이것저것 모조리 시험하다가 시행착오로 발견했다고 보아도 좋다.

이에 대해서 이런 에피소드가 있다. 슈파너가 1942년 과당용액(果糖溶液)을 사용해서 닭 정자의 동결보존 연구를 했다. 그런데 폴지(Polge)가 1949년 슈파너의 실험을 추적 시험했을 때 과당용액으로 잘못 알고 글리세린 용액을 사용했다. 이렇게 해서 글리세린이 그때까지 사용되어 오던 다른 동결보호 물질보다 훨씬 뛰어난 성질을 가졌다는 것이 발견되었다.

글리세린은

$$\begin{array}{c} CH_2-OH \\ | \\ CH-OH \\ | \\ CH_2-OH \end{array}$$

라는 구조식을 가졌고, 단맛을 지닌 화합물로서 순수한 글리세린은 17.8°C에서 결정화한다. 물을 첨가하면 녹는점이 내려가는데 66.7%의 글리세린 수용액의 공정점(共晶點)은 -46.5℃다. 임의의 비율로 물에 녹여 단백질 수용액에 녹이면 염류를 첨가했을 때 단백질이 변성하는 것을 막아주는 작용을 한다.

글리세린을 정액(精液)에 첨가하면 정자의 세포막을 통해 세포 내로 들어가 세포 내의 단백질 등 생체 고분자가 글리세린으로 덮인다. 또 세포질의 물분자는 글리세린과 결합해서 운동의 자유도를 잃는다.

이런 상태의 정자를 액체질소로 동결하더라도 세포 내의 물은 과냉각 상태를 유지하고 있기 때문에 정자는 죽지 않는다. 생명 활동을 중단하고 있을 뿐이면 상온으로 되돌리면 곧 활동을 다시 시작한다.

**아이스 베이비**

가축의 정자 동결보존과 함께 사람의 정자 동결보존 연구도 있었다.

배우자가 불임인 경우라도 아이를 갖고 싶어 하는 부부는 동서를 가리지 않고 많아졌다. 양자를 바라지 않는 부부는 남편 이외의 정자에 의한 인공수정으로 아이를 만든다. 사람의 정자도 가축의 정자와 마찬가지로 기술적으로 반영구적 보존이 가능하다.

실제로 1년 가까이 동결 보존했던 정자를 사용한 인공임신이 있었고, 이렇게 해서 태어난 아이를 '아이스 베이비'라고 부르고 있다. 아이스 베이비는 생물적으로나 인간적으로나 보통 임신으로 태어난 아기와 전혀 다를 바 없다.

그러나 의학과는 별개 문제가 여기서 생긴다. 아이스 베이비는 태어나기 전부터 이미 어떤 종류의 관리하에 놓여 있었다. 스트린드베리의 <아버지>라는 소설에 "아기 아빠가 누구인지 확실히 알고 있는 것은 어머니뿐이다"라는 대사가 있다. 그러나 아이스 베이비의 경우 아버지를 알고 있는 것은 아마 의사뿐일 것이다. 아이스 베이비는 알지 못하겠지만 아이와 그의 어머니는 일생 동안 생물학적 데이터를 잡기 위한 의사의 관리하에 놓일 것이다.

현재 저온생물학자가 걱정하는 것 중의 하나는 동결보존으로 돌연변이가 일어나는지에 대한 문제다. 다행히 가축의 경우에는 아직 일어나지 않았지만 보존 기간과 돌연변이의 문제는 아직 해결되지 않았다. 이런 의미에서 아이스 베이비는 감시 대상인 것이다.

최근 한 개의 사상(思想)으로 장래의 인간사회는 지능이 특별히 뛰어난 인간이 지배하고 그 외의 인간은 그 소수 엘리트의 관리하에서 살아가는 것이 가장 안정된 사회라고 하는 견해가 있다. 이 견해에 따르면 우수한 인간의 자손을 분명히 남기기 위해서는 정자의 보존이 필요하게 될 것이다. 예를 들면 20년 간격으로 엘리트의 아이를 만들 수 있다. 물론 노동 종족도 마찬가지의 관리 아래에 놓일 것이다.

**이점이 많은 냉동 혈액**

혈액 동결이라고 하지만 현재 주로 하고 있는 것은 적혈구의 냉동보존이다. 그밖에 혈소판, 림프구, 골수의 냉동보존도 시도되고 있다.

위에서 말했듯이 세포 내 물의 성질에 있어서 적혈구는 암세포와 닮았고, 구조화 정도가 낮고 온도 변화에 대해서 약하다.

적혈구의 동결보존을 위해서는 세포 내의 물의 성질을 바꿀 필요가 있다. 정자의 경우와 마찬가지로 적당한 농도의 글리세린액에 혈액을 녹여 −196°C의 액체질소로 냉각하는 방법이 사용되고 있다. 그리고 수혈할 때 적당한 방법으로 글리세린을 씻어낸다.

스미다(隅田幸男)에 따르면 냉동 혈액에는 다음과 같은 여러 가지 이점이 있다.

(1) 반영구적으로 보존할 수 있다.

(2) 시효가 지난 혈액을 없앨 수 있다.

(3) 혈액 성분 수혈이 가능하다.

(4) 혈청간염(肝炎)이 감소한다.

(5) 자기 혈액의 계획적인 예혈(預血)과 이용이 가능하다.

(6) 비용혈성(比溶血性) 수혈 반응이 감소된다.

(7) 조직 적합성 항원에 의한 감작(減作)이 작다.

이 중 (5)는 누구든지 건강한 때에 자기 피를 뽑아 동결보존했다가 필요할 때 이용하는 것이다. 현재 몇몇 병원에서 수술 몇 시간 전에 자기 피를 동결보존하고, 남의 피를 전혀 사용하지 않고 수술에 성공한 사례가 있다.

또 그러나 혈액의 동결보존에는 액체질소를 사용하기 때문에 유지비가 비싸다. 따라서 이런 혈액은행은 국가에서 운영해야 한다〔일본에서 최초의 냉동혈액에 의한 수혈은 후쿠오카(福岡)중앙병원 외과부장 수미다에 의해 1966년 2월 8일에 있었다〕.

## 냉동인간은 되살아나는가?

각막이나 신장이식으로 환자는 많은 고통에서 해방된다. 현재 이들 장기(臟器)는 24시간 이내에 이식해야만 한다. 따라서 각막이나 신장을 동결보존할 수 있다면 더 많은 사람을 돕게 될 것이다. 그러나 유감스럽게도 아직 성공하지 못하고 있다.

장기는 여러 가지 세포가 모여서 이룩된 복잡한 계(系)다. 예를 들면 혈액도 적혈구와 백혈구를 동결보존할 때의 글리세린 농도가 달라진다. 그래서 적혈구를 동결하면 그 과정에 섞여 있던 백혈구는 파괴된다. 동결 혈액의 이점 중 하나가 이런 데에 있다.

이 예로서 알 수 있듯이 장기의 동결에는 그 속에 포함된 모든 종류의 세포 보호가 가능할 만한 조건이나 보호물질을 발견해야 한다. 이것은 매우 어렵다.

미국 의학계는 장차 세포를 소생시키길 바라고 있으며, 죽은 사람을 냉동 보존하는 회사가 설립될 것으로 전망하고 있는데, 위와 같은 이유로 인간의 조직은 보존되기 어려울 것이다. 냉동인간의 소생이란 아직 먼 미래의 일이다.

## 눈 녹은 물의 수수께끼

이제 말한 것처럼 저온은 생물에게 해로운 면도 있지만 한편으로 이와 모순되는 듯한 사실도 있다.

예를 들면 윤충(輪虫)이나 선충류(線蟲類)는 -253℃로 냉동한 후에도 소생한다는 실험이 있었다. 식물의 종자는 원래 수분이 적기 때문에 저온에 대한 저항력이 강하지만 옥수수 알갱이나 어떤 종류의 식물 종자나 포자는 절대영도(-273℃) 가까이에서 보존하더라도 발아율(發芽率)을 잃지 않는다. 이 결과는 생물이 극저온에서도 죽지 않는다는 예이지만, 더 적극적인 작용도 발견되고 있다.

눈이 녹은 물은 생물의 생리 능력을 높여주는 작용을 하고 있다. 러시아 극지탐험대의 보고에 따르면 얼음이 녹을 때 플랑크톤이 갑자기 늘어나서 해면 가득히 플랑크톤이 덮인다고 한다.

또 다른 보고에 따르면 눈이 녹은 물로 어린나무가 갑자기 생장하며, 새가 알을 더 잘 낳게 되고, 또 암소의 젖양이 불어난다고 한다.

로신스키는 다음과 같은 실험을 했다. 옥수수 나비의 유충을 0℃로 장시간 보존해 두고 그 후 몇 시간 -30℃로 냉각했다. 그리고 마지막에, 이 유충을 -269℃로 냉동했다. 그 후 상온으로 가열했더니 유충이 소생해서 평상시처럼 번데기가 되고 또 나비가 되었다. 이 나비는 알도 낳을 수 있었다. 다음 실험은 더 흥미롭다.

핵나우어와 안도로소프는 늙은 쥐를 얼음에 채워 체온이 22~25℃로 내려갈 때까지 그대로 두었다. 그리고 그 후 밖으로 끄집어내어 체온이 27℃가 되기를 기다렸다가 다시 얼음에 채웠다. 이러기를 3~4회 반복했다. 한 번의 저온 상태 시간은 약 4시간이었다. 이런 조작을 한 뒤 그 쥐는 더 활발해지고 식욕이 늘고 털빛도 윤기가 나서 완전히 새로운 모습이 되어 회춘했다.

이상의 예는 고등생물도 적당한 방법으로, 저온으로 유지해 두면 소생시킬 수 있거나, 또는 장기의 냉동보존이 가능하다는 희망을 던져준다.

최근 카잔 생물연구소의 한 연구에 따르면, 가을에 파종한 밀잎 속에 있는 탈수소효소(脫水素酵素)의 활성이 눈이 녹은 물로 인해서 증가했다. 5장에서 말했듯이 효소 활성점 주위의 물은 얼음과 비슷한 배열을 하고 있다. 이런 물속을 $Na^+$이온 등이 통과할 때는 큰 저항을 보이는데 전자(電子)는 반대로 배열된 물속을 훨씬 쉽게 통과한다. 저온에서는 물분자의 배열 정도가 높아지고 효소 활성이 늘어난다.

이처럼 찬물은 생물의 생리 활성을 높여주는 작용을 하고 있는데, 그 까닭은 아직 충분히 밝혀지지 않고 있다.

**혈액과 정자의 동결건조**

정자나 혈액은 현재 액체질소 속에 보존한다. 이를 위한 유지비는 엄청나다. 앞에서 한천의 동결건조에 대해 말한 적이 있다. 단백질이나 핵산 등도 동결건조가 가능하며 이것들을 다시 물에 녹이면 정상 기능을 발휘한다.

만약 정자나 혈액을 동결건조하여 분말 상태로 보존할 수 있게 된다면, 취급이 한층 간편해지고 보조 비용도 훨씬 싸질 것이다.

수십 년 전에 미국의 유명한 저온생물학자가 영국의 과학잡지 『네이처』에 소 정자의 동결건조에 성공했다는 보고를 발표해서 세계 학자들에게 충격을 준 일이 있었다. 그런데 그의 연구를 많은 과학자들이 추적 시험한 결과 동결건조한 정자가 모조리 죽었었다는 것을 알아냈고, 그도 역시 4년 후에 잘못을 인정했다.

혈액의 동결건조도 아직 성공하지 못하고 있다.

그 실패의 주된 원인 중 하나는 세포막이 동결건조 과정에서 파괴되는 것으로 생각한다. 세포막은 인지방질(燐脂肪質)의 이중막에 단백질로 메워진 복잡한 구조를 가졌는데, 건조로 인하여 탈수가 일어날 때 지방질 분자의 배열이 교란되므로 물에 다시 녹였을 때 이중막 구조로 복원하지 못하는 것이 아닌가 생각된다. 탈수 방법이 매우 어려운 것이다.

**암의 동결 방법**

지금까지는 동결 방법으로 생체조직을 보호하는 것을 말해왔다. 이와 반대로 동결로 세포가 파괴된다는 것에 착안해서 이것을 질병의 치료에 사용하는 동결 요법이 주목을 끌고 있다.

암이나 종양은 다종다양해서 그 세포의 성질도 다르지만, 위에서 말한 것처럼 일반적으로 암세포 내의 물의 상태는 정상적인 다른 세포보다 구조화 정도가 낮다. 따라서 암세포 내의 물은 비교적 얼기 쉬운 상태에 있다.

어떤 종류의 초기 암을 직접 동결(-70~-190℃에서)하면 이 세포 내의 물이 얼기 때문에 세포가 파괴되어 죽어버린다(괴사라고 한다). 어떤 경우에는 동결과 해동을 몇 번 반복한다. 그리고 그 후 동결을 풀면 자연히 회복되어 암이 치료된다.

동결은 수술하지 않아도 되기 때문에 환자에게도 매우 편하다. 이 동결 요법은 모든 암에 효과가 있다고는 할 수 없다. 그밖에 면역(免疫)이라는 점에서도 미해결의 문제가 있지만 극히 장래성이 있는 치료 방법이다.

불활성기체 대부분은 기체 수화물을 만들어 그 주위의 많은 물분자를 고정한다. 따라서 불활성기체는 암세포의 증식을 억제하는 작용도 가지고 있다. 만약 적당한 불활성기체를 암세포에 흡수시켜 온도를 내려주면 -70℃ 이하와 같은 극저온이 아니더라도, 세포의 동결 파괴가 일어날 가능성이 있다.

세포 내에 얼음이 생성되는 속도도 중요한 인자일 것이다. 위에서 말했듯이 얼음은 물보다 열전도율이 높다. 따라서 물의 구조화 정도가 낮은 암세포는 정상 세포보다 열을 전달하기 어렵다. 암세포의 동결 요법에 관해서는 이런 면의 연구가 필요할 것으로 생각된다.

최근의 신문 보도는 신경섬유를 -70℃로 냉각해서 동결 상해를 주고 통증을 완전히 멎게 하는 방법이 영국에서 실시되고 있다고 전한다. 그리고 신경섬유는 그 후 회복된다고 한다. 이 방법은 저온에서의 물의 구조화라는 관점에서도 매우 흥미로운 일이다.

## 인체 실험

1952년 일본 생리학 잡지(2권 177페이지 영문)에 당시 교토(京都) 부립 의과대학 교수이던 요시무라가 논문을 발표했다.

이 논문의 주된 내용은 왼손 가운뎃손가락을 0℃의 얼음물에 30분간 담근 후 그 손가락의 온도를 측정한 것이다. 실험은 15세 이상의 중국인 노동자 100명, 7~14세의 중국인 학생 20명, 생후 1개월 내지 6개월의 아기, 그리고 생후 불과 3일째의 신생아를 대상으로 실시되었다. 이 아기들 손가락의 온도 저하와 시간 관계를 나타낸 그래프도 함께 실려 있었다.

이 그래프를 들여다보고 있노라면 아기들의 울부짖는 소리가 귀에 따갑게 들려오는 듯하다.

독자 중에는 오래전에 만주(중국 동북부)에 있던 일본군 731부대를 알고 있는 사람도 있으리라 생각한다. 요시무라는 이런 실험을 731부대에 있을 때 했다. 발표가 한국동란 중인 1952년에 있었다는 것도 의미심장한 일이다.

이 실험은 동상의 예방 치료를 목적으로 했던 것 같다. 동상 또는 그것에 가까운 상태의 환부를 보통 체온으로 가져오면 몸속이 찢겨 나가듯 하는 심한 통증을 느끼게 되고, 이 통증은 몇 시간에 걸쳐 끊임없이 계속된다. 추운 지방에서 자란 사람이라면 아마 경험했을 것이다. 또 성인보다 아이들 손이 동상에 걸리기 쉬운 것은 추운 지방의 사람이면 누구나 알고 있는 일이다.

요시무라의 연구는 동물실험도 아무 지장 없이 할 수 있었다. 인간에게 이런 실험을 할 아무런 이유가 없다. 그것을 감히 했었다는 것은 731부대의 특질을 잘 나타내고 있다.

저온생물학의 연구는 우리 생활에 희망을 던져주는 밝은 면도 있지만, 한편 이와 같은 가공할 비인간적인 어두운 면도 있다. 이따금 신문 보도를 통해서 알 수 있지만, 현재도 적당한 구실 아래 여러 가지 형태로 인체실험이 행해지고 있다.

"전부터 마음에 걸렸던 근대 일본 문학 사상의 문제 중 하나로서, 한 문학자가 출세하기 위해 가까운 사람들에게 강요했던 희생의 깊이가 있다. '파계(破戒)'를 완성하기 위해서 아내를 야맹증(夜盲症)으로 만들고 세 자식을 차례로 죽게 한 시마자키(島崎藤村)의 경우 따위가 그 전형적인 것이지만…. 자기 예술을 완성하기 위해서 주위의 혈육들에게 강요했던 희생의 깊이를 나는 잊을 수가 없다. 과연 예술이라는 이름으로 혈육에게 희생을 강요한다는 것이 용납될 수 있을까. 예술, 문학이 그리도 대단한 것일까…."

예술과 문학을 학문과 과학으로, 주위의 혈육을 인간으로 바꿔놓고서 위의 의견에 나도 전면적인 찬성을 표한다.

# 후기

밀레토스의 탈레스는 "물은 만물의 근원이다"라는 주장을 하였지만 고대 중국에서도 거의 같은 시대인 제(齊)나라 때 관중(管仲)이 지은 관자 수지편(管子 水地篇)에 "물은 대지의 혈기(血氣)다"라고 기록된 것을 볼 수 있다. 또 가나안 출토의 설형문자(楔形文字)로 쓰인 이야기 속에도 "물은 만물의 근원이다"라는 한 대목이 있다.

아마 고대문명이 발상했던 지역에서는 어느 민족이건 물에 대해서 비슷한 사상을 가지고 있었음이 틀림없다. 플루타르코스에 따르면 탈레스는 그의 사상을 이집트 사람에게서 배운 것이라고 한다.

잘 알려져 있듯이 고대문명은 모두 큰 강 유역에서 발생했고, 그 문명은 강에 의해 지배되고 발전했다. 물에 대한 사상이 보편성을 지닌 원인의 하나가 바로 여기에 있을 것이다.

이렇게도 오랜 기간에 걸쳐 인간의 사고 대상이 된 물질은 달리 또 없을 것이다. 왜 이렇게도 물은 인간의 마음을 사로잡았을까. 만족할 만한 대답을 얻기는 어렵지만, 그 하나는 물의 존재 양식의 다종다양함에도 있으리라. 예를 들면 바다나 호수를 생각해 보자. 폴란드의 작가 스타니스와프 렘은 '솔라리스의 태양 아래서'에서 물이 가지는 헤아릴 수 없는 복잡성을 그려내고 있다. 이 복잡성은 인간에게 어떤 때는 불안감을 던져주고 때로는 안도감을 안겨준다.

지금 말한 것은 오히려 문학에서의 물이며 이 경우 저마다 생각하고 상상하는 물은 사람에 따라 천차만별하다.

이와는 별도로 물에 대한 관념 중 민족에 따라서 공통적인 것이 있다. 이것은 물이 만물의 근원이라고 하는 사상과 통하고 오히려 물의 문화사에서의 한 테마이기도 한데, 그곳에서 나온 생명의 물이나 물과 신앙의 관계에 대해서 간단히 언급해 보고자 한다.

생명의 물에 대해서는 세계 여러 민족 사이에 전해지는 전승민화 (傳乘民話)에서 몇 가지 예를 찾아볼 수 있는데, 오리엔트와 북방 민족의 민화는 그 성격이 다르다.

예를 들면 오리엔트에서는 에스겔서(書)에서 볼 수 있듯이 생명의 물은 강을 가리키고 있다. 한편 게르만 민족이나 슬라브 민족 생명의 물은 강이 아니고 깊은 산골짜기의 샘이거나 또는 왕의 우물물로서 이것으로 환자가 치료되고, 죽은 사람이 소생한다는, 글자 그대로 생명수다. 이 물은 이렇듯 실로 불가사의한 힘을 가지고 있지만, 그 실체는 지극히 애매하다. 그러나 생명의 물이 솟아나고 있는 곳이나 기타 극히 암시적으로 쓰여 있는 측면에서 생각한다면 그 근원은 7장에서 말한 눈이 녹아내린 물에 있는 듯하다.

다음으로 물과 신앙의 관계를 보면 일본에는 오랜 옛날부터 폭포

수를 맞는 수도(修道)나 목욕재계가 있는데 이런 신앙은 이미 중국의 은(殷)나라에서 볼 수 있었다.

은나라 시대에는 물을 신령의 상징이라고 보았다. 물을 땅에 부음으로써 신령을 불러들일 수 있다고 믿었고 또 물을 몸에 끼얹음으로써 부정을 털어내고 몸을 신성하게 할 수 있다고 믿었다.

또 중국에서는 입춘날 내린 비를 신수(神水)라 부르고 재앙을 몰아낸다고 믿었다. 우물에 대해서도 똑같은 신앙이 있었다. 일본에서도 설날 혹은 입춘날에 아침 일찍 길은 물을 약수(若水)라고 해서, 1년의 재앙을 쫓아내는 것이라고 했다. 설날에 긷는 것은 1년의 처음을 빙자한 것으로 봄이 다가옴을 뜻하는 입춘에 긷는 것이 가장 오래된 형식이다.

그런데 약수 긷기 중에서 가장 유명한 것은 나라(奈良) 도오다이사(東大寺)의 것을 들 수 있다. 3월의 수이회(修二會)가 끝나고 마지막이 가까워진 열사흗날 오전 3시경에 이 물 긷기가 행해진다.

이 물은 신성시되고 있는 우물에서 어둠 속에 길어진다. 수이회는 연초에 부정을 피하고 몸과 마음에 틀어박힌 부정을 털어내며, 그것이 풍년이 들기를 비는 봄맞이 법회(法會)라고 한다. 따라서 물 긷기는 봄을 맞이한다는 뜻에서 함께하게 된 것이리라.

도오다이사는 료벤과 교키(行基)를 비롯한 한국 도래인에 의해서 이룩된 절이다. 하라마나라 풍토기에 따르면, 한국에서 건너온 사람들에게는 개간지 근처에 한나라 우물이라는 신성한 우물을 파는 풍습이 있었다. 그렇게 본다면 도오다이지의 물 긷기 또한 한국에서 건너온 사람들이 가져온 것이리라. 여기에는 은나라 시대의 물의 관념이나 북방 민족인 한민족 고유의 신앙도 포함되어 있다. 만약 고대에서의 물에 대한 관념이 밝혀진다면 이 측면에서도 고대의 문화 교류의 한 면을 밝힐 수 있을 것이다.

이야기가 약간 비약했으므로 지금부터는 현실로 되돌아서기로 한다. 1977년 3월 14일부터 25일까지 아르헨티나의 마르델플라타에서 국제연합 물 회의가 열렸다. 지금 이대로 세계의 물 소비량이 계속된다면 20세기 말에는 현재의 4배가 되는 물이 필요하게 되는데, 그만한 물을 확보하기가 지극히 곤란하므로 이 문제를 토의하기 위해서 열린 것이다. 회의에서는 수자원의 평가, 물의 이용과 그 효율화, 환경 보전, 오염과의 투쟁에 대한 권고가 나왔다.

일본의 여러 자치단체에서도 물을 소중히 하자는 슬로건을 내걸고 있는 것을 볼 수 있다. 또 미나마타(水俣)나 세도나이카이(瀨戶內海) 등에서 그 전형적인 예를 볼 수 있듯이 공장에 의한 물의 오염 또한 물에 대한 관심을 높여주는 원인이 되고 있다.

이런 사정을 반영해서 최근 수년 동안에 물에 관한 숱한 책이 출판되었다. 물을 깊이 인식하려면 되도록 여러 방면에서 물을 생각해야 한다.

이 책에서는 물을 다이내믹한 구조라는 측면에서 말했는데, 이런 관점은 물에 관한 최근의 연구 주제 중 하나다. 설명은 되도록 알기 쉽게 썼다고 생각하고 있으나, 이 책에서 말한 내용은 지극히 최근의 연구 결과이다(특히 5장 이하). 따라서 이 책은 일반 독자뿐만 아니라 생물, 의학 연구자들에게도 도움이 되리라고 생각한다. 이 책의 성격상 문헌은 인용하지 않았다.

이 책을 출판하는 데 있어서 재일한국인 작가 김달수 씨에게 특별히 도움을 받았다. 김달수 씨는 몹시 곤란한 상황에 부닥쳐 있으며 더구나 바쁜 몸인데도 불구하고 항상 나의 원고 진행 상태에 대해 걱정해 주셨다. 진심으로 감사를 드린다. 이 책을 저술하면서 여러 가지로 가르침을 준 아라가와(荒川泓) 학형과 친구 아베(安部桂司)에게도 깊이 감사한다. 그리고 이 책을 마무리하는 데 여러 가지로 힘입은 편집부의 호리고시(堀越雅晴) 씨에게 감사한다. 끝으로 연구 결과를 인용한 내외 연구자 여러분에게 두터운 감사를 표한다.

**우에다이라 히사시**

## 번역을 마치고

물은 생명의 고향이요, 문명의 요람지이다. 그뿐만 아니라 우리 생활에서 절대 불가결의 동반자이기도 하다. 따라서 지구상에 인류가 출현했을 때부터 물은 인간과 깊은 관계를 맺고 또 깊은 관심의 대상이 되어왔다. 그러므로 문학가, 예술가, 또 과학자는 제각기 나름대로 물에 관심을 가졌고, 물에 관한 연구 결과를 담은 저서들을 세상에 내놓았다. 그러나 물을 보는 관점이 지극히 편협하고 또 때에 따라서는 전문적이어서 물의 참된 모습과 본성을 충분히 이해시켜 주지 못했다.

하지만 우에다이라 히사시의 『물이란 무엇인가』는 물을 자연과학적인 측면에 기초를 두면서 종합적으로 다루었다. 그뿐만 아니라 특히 물리화학적인 측면에서 물의 본성을 가장 쉽게 풀이해 놓았다. 더욱이 물을 거시(macro)적인 입장에서 다룬 것이 아니라 미시(micro)적인 입장에서 다룬 것이 그 특징이다. 그리고 물에 대한 물리화학적인 설명에 있어서 기발한 착상에 바탕을 둔 그림과 적절한 도표를 이용하여 이해를 도왔고, 또한 그 실례를 생활 주변에서 찾아 설명함으로써 전문가든 비전문가든 물의 본성을 이해하는 가장 빠른 지름길로 안내했다.

더욱이 이 책은 물질의 기본 성질부터 시작해서 물의 본성, 물의 생리작용에까지 이르는 광범위한 내용을 흥미롭게 엮어 놓았다. 역자는 바로 이런 점에 매력을 느껴 번역에 착수하였고 또한 널리 권하고 싶은 책이라 생각한다.

원래 재주가 뛰어나지 못하여 번역하는 데 있어서 미흡한 곳이 한두 곳이 아닐 줄 안다. 그러나 최선을 다한 것을 밝혀둔다. 이 책을 읽고 물에 관한 지식에 보탬이 되었다면 옮긴이로서는 이보다 더 기쁠 수가 없을 것이다.

그리고 원고 정리에 힘써준 이기순, 유인숙 조교에게 고마운 뜻을 전하며 번역의 기회를 준 손영수 사장님께도 아울러 감사드린다.

**옮긴이 오진곤**